これなら話せる!

セルフトークで英会話

水嶋いづみ 著

研究社

 # はしがき

　書店の語学コーナーにずらりと並ぶ英会話本から、本書を手にとっていただき、本当にありがとうございます。

　「ちょっと英会話でもやってみようか」という軽い気持ちの方も、「英語を話せるようにならないと昇進できない」と切羽つまっている方も、本書を見つけたあなたはラッキーです。なぜなら、英会話本への無駄な投資を、あるいはエンドレスな投資を、ここで止めることができるからです。

　実は私も英会話本にかなり投資してきました。翻訳業をメインに活動してきたので読み書きはそれなりにできますが、外国人がいる職場で英語を日常的に使っていた頃をピークに、英会話力はどんどん衰えていきました。「なんとかせねば」と、いろいろな英会話本に手を出しましたが、忙しさにかまけてちょっと読むだけで、本棚にたまっていくいっぽうでした。

　そんな中、久しぶりに英語を話さざるをえない環境で働くことになりました。英語を母語としない外国人に囲まれ、楽しんでコミュニケーションをとってはいたものの、言いたいのに言えないことも多く悔しい思いすることも多々ありました。

　そこで、職場への行き帰りの時間に、言えなかった文を復習したり、これからの会話で想定される文をあらかじめ練習するようにしたのです。また、発音しにくい単語を何度も繰り返し言ったり、よりふさわしい表現はないかとインターネットでリサーチしたりもしました。まさに「セルフトーク」でリハーサルをしていたのです。すると、英語で話すことがどんどん楽になっていくのがわかりました。

はしがき

　そのとき私は気づいたのです。どんなにすばらしい英会話本でも、自分にとってリアリティのある英文でなければ英文を覚えようという気にはなれないのだと。

　「英語は使わなければ上達しない」というシンプルな事実と、そのためにはセルフトークこそ効果的だということを身をもって実感したことが本書を書く動機となりました。

　「英語が話せる」とは、自分が毎日、日本語で話していることを英語化できるということです。

　あなたにとって必要な英語の単語やフレーズと、私にとって必要な英語の単語やフレーズは違います。ですから、英会話本のように「こういう時はこう言う」というお手本が、あなたにとって意義があるとは限らないのです。ましてや、それを覚えて使いこなせる人など、ほとんどいないのではないでしょうか。

　本書では、日常生活を英語化していくための方法を紹介していきます。できるものから、できるときに挑戦してみてください。「この花、英語で何て言うんだろう？」「今のフレーズ、英語だとどう言うんだろう？」と時々考えるだけでも、その積み重ねは後々大きな結果となって現れてくるはずです。

　ことばは使い方を完璧にマスターしたから話せるようになるのではありません。話すという経験を積み重ねることで少しずつうまく使えるようになっていくのです。へたでもいい。間違ってもいい。あなた自身が持っている今の英語力で話せることから、とにかく話し始めましょう！

　Are you ready? Let's self-talk in English!

 本書の構成と使い方

　本書は7つの章で構成されています。1つの章には2～4のセクション (§) とその章の課題があります。課題は1週間続けるタイプを用意しました。したがって、1つの章に1週間をかけ、7週間ですべてを読み切るというのが想定される読み方です。

　もちろん、最初からざっとすべてを読んでもかまいませんが、その際も、課題は頭から1つずつこなしていってください。課題が毎日こなせない場合は、のべ7日間分の時間をかけたら次に進むというやり方をとってください。

　7週間で7つの課題をこなしたとき、あなたの英会話力は大きく前進しているはずです。

目次

第1章 今日から話そう！ 毎日話そう！──1

§1 なぜ英語が話せない？ 2
§2 「ぜったい話す」と決意する 9
§3 「英語筋」を鍛えよう 15
第1週目の課題 21

第2章 とにかく声に出そう！──23

§1 アウトプットを増やす 24
§2 「パートナー」をつくる 34
§3 人間関係はあいさつから 37
第2週目の課題 43

第3章 英語はやっぱり単語──45

§1 生活の単語を覚える 46
§2 自分の行動を説明する 65
§3 気持ちを伝える 73
第3週目の課題 81

第4章 チャンクを使って言ってみる──83

§1 「英語で考える」とは？ 84

§2 主語と動詞を決める　87
§3 人を主語に　97
第4週目の課題　101

第5章　バーチャル・パートナーと英会話――103

§1 疑問文で会話はつながる　104
§2 バーチャル・パートナーとつながる　111
§3 依頼と勧誘　116
§4 ありがとう＆ごめんなさい　118
第5週目の課題　124

第6章　英語で実況中継する――125

§1 基本はリピーティング　126
§2 英語で実況しよう　132
第6週目の課題　138

第7章　おもてなし英語で「ようこそ」を伝えよう――139

§1 おもてなし英語は道案内から　140
§2 旅行者とスモールトーク　151
§3 地元を案内する　157
第7週目の課題　164

あとがき　165

第 **1** 章

今日から話そう！
毎日話そう！

第1章　今日から話そう！毎日話そう！

 # §1　なぜ英語が話せない？

6年以上も勉強したのに！

　ほとんどの日本人は英語を中学・高校で6年間、短大や大学に行った人はさらに2～4年勉強しています。社会人になったらなったで、自己投資として高い授業料を払って英会話学校に通ったり、英会話教材を次から次へと購入したりしてきた方も多いのではないでしょうか。これだけ時間もお金もかけているのに、なぜ日本人はいまだに英語が苦手なのでしょう。

　文科省は平成15年に「『英語が使える日本人』の育成のための行動計画」を策定し、高校卒業段階で目標とする英語力を「英語を通じて、情報や考えなどを的確に理解したり適切に伝えたりすることができる」と設定しました。これは、英検の準2級～2級程度以上の英語力に相当します。しかし、平成26年2月の「初等中等教育段階における外国語教育に関する資料」には、「目標としている英語力を達成しているのは公立高校3年生で約31%」という残念な現状が報告されています。

　また、同年7～9月、文科省は全国の高校3年生7万人を対象として、英語力（読む・書く・聞く・話すの4技能）を把握するための初の全国統一テストを実施しました。このテストの結果も惨憺たるものでした。英検2級レベルを達成できたのは「聞く」でわずか2%、「話す」はさらに低く1.7%、準2級程度を達成できたのは「聞く」で21.8%、「話す」で11.1%だったのです。

§1 なぜ英語が話せない?

 原因は学校英語?

　日本の英語教育のいったいどこがいけないのでしょうか。英語をしゃべれない日本人教師が日本語で教えているから？　文法や訳読ばかりやらせているから？　それとも、もっと小さい頃から教えないからでしょうか。

　「文法なんて必要ない」「もっと英会話を教えるべきだ」という学校英語に対する批判はよく聞かれます。しかし、日本人が英語を話せないのは本当に学校英語のせいでしょうか。

　私は高校を卒業してから、父の転勤に伴ってアメリカへ渡りました。一緒に行った妹たちは当時中学2年生。彼女たちは渡米後すぐに現地の学校に入り、英語漬けの日々を送っていました。一方、私はTOEFLの点数が足りなくて「自宅浪人」をしていました。私がふれる英語といえば、テレビと週1回近所の教会で開催される無料の英語レッスンのみ。でも数ヵ月後、「学校英語」を6年間みっちりやってきた私のほうが、毎日、ネイティブが話す英会話にふれていた妹たちよりも、はるかに英語を話せるようになっていたのです。

　これまで英語を使う仕事をしてきて実感するのは、学校英語は実にちゃんと英文法の基本的な知識を網羅していたのだということです。学校で勉強しているときは、「仮定法とか分詞構文なんて、こんな面倒な表現、ネイティブは本当に使うのだろうか」などと思ったものですが、実際、日頃接している英語の文章にも会話にも随所に使われています。私が中学生・高校生の頃は、現在のようにインターネットやレンタルDVDが普及していませんでした。国内にいて生の英語にふれる機会があまりにも少なかったせいで「こんな役に立たない勉強ばかりしても意味がない」と文法を学ぶ意欲をなくして

第 1 章 今日から話そう！毎日話そう！

しまった人は多いのかもしれません。

 1000 時間 vs. 2200 時間

なんとか文法を学ぶ意欲を維持し、中学・高校で 6 年間、英語の基礎知識をひととおり身につけたとして、それでもほとんどの人が高校卒業時に英語を十分に話せないままなのはなぜなのでしょうか。

ここで、この「6 年間」という数字を今一度考えてみましょう。

中学・高校の英語の授業は週にせいぜい 3～5 コマです。年間 40 週として最大 200 コマ。1 コマ＝50 分なので年間 166 時間として、6 年間で 1000 時間弱です。

さらに生徒が実際に英語を口にする時間と言えば、「起立・礼・着席」のかわりに交わされる "Good afternoon, class." "Good afternoon, Ms. Tanaka." といったお決まりのあいさつか、クラス全員で読まされる教科書の数パラグラフか、たまに参加するネイティブ・スピーカーの ALT（Assistant Language Teacher「外国語指導助手」）との簡単な会話ぐらいで、1000 時間みっちりと英語を話しているわけではありません。

たとえ 1000 時間しゃべりっぱなしだったとしても、日数に換算すればわずか 42 日間。期間にすれば「6 年間」ですが、現実に英語に接したと言える時間はたったこれだけなのです。

アメリカ国務省には、外国語の研修を専門的に行なう Foreign Service Institute という機関があり、英語を母語とする研修生が外国語をある一定のレベルまで習得するのにかかる平均的な学習時間数を公表しています。ある一定のレベルとは、アメリカの連邦政府が定めている言語運用能力指標（運用能力なしとされる Level 0 か

§1 なぜ英語が話せない？

らネイティブ並みとされる Level 5 の6段階に分かれている）で、General Professional Proficiency（一般実務レベル）とされる Level 3 です。Speaking と Reading の Level 3 はそれぞれ以下のように定義されています。

Speaking: 十分に正確な構造（＝文法）と語彙で話すことができ、フォーマルな場面でもインフォーマルな場面でも会話にうまく参加することができる。
Reading: 標準的なスピードで読むことができ、読んだ内容をほぼ完全に理解できる。

このレベルに達するのに必要とされる学習時間は、英語に近い言語であるフランス語やスペイン語などで575〜600時間、ドイツ語で750時間、マレー語やスワヒリ語になると900時間、ギリシャ語・ヒンディー語・ロシア語・タイ語などは1100時間、日本語を含む、最も習得に時間がかかる言語グループは2200時間となっています。

この研修生たちは年齢が30〜40歳、6人以下の少人数クラスで週25時間の講義を受けるほか、毎日3〜4時間自習しているそうです。国務省に採用されるほどのエリートたちがこれだけ集中して勉強していても、英語と言語学的に遠い関係にある日本語を話せるようになるのに2200時間もかかるわけです。

 足りなかったのは「実践」

日本語話者が英語をしゃべれるようになるまでに2200時間かかると仮定しましょう。だとすれば、中・高6年間の英語の授業時間数

第1章　今日から話そう！　毎日話そう！

だけでは、しゃべれるようになるまでに必要な学習時間の半分にも満たないということは明白です。

　学校の授業で習うのは、武道の「型」のようなものです。正しい「型」をカラダに覚えさせる訓練は単調でつまらない作業かもしれません。しかし、その基礎があるからこそ、実際の試合のいろいろな場面に対応できるのです。試合で勝つためには、練習試合をたくさん経験し、さまざまな状況に合わせて型をどう応用するのかということを実践しながら覚えていかなければなりません。

　語学も同じようなプロセスが必要です。学校英語では「型」をきちんと教えてくれますが、「練習試合」や「試合」が圧倒的に足りないのです。英語以外にも幅広い教科を学ばなければなりませんし、脱ゆとり教育で履修範囲も広がって、英語だけにそんなに時間をかけるわけにはいきません。

　すでに大学生や社会人になっている皆さんは、実践の場を自分で確保しなければなりません。お金や時間があるのなら語学留学をしたり英会話学校に通ったりするのもいいでしょう。英会話サークルなどに入ったり、ネイティブの友だちをつくったりすることも可能でしょう。でも、もっと簡単に、1円もお金をかけないでできる実践法があるのです。それがセルフトークです。

セルフトークなら毎日できる！

　セルフトークとは、自分に語りかけることです。本書では「英語のひとりごと」くらいの意味で使っていきます。

　セルフトークはもともとはメンタルトレーニングやコーチングの用語で、「ネガティブなセルフトークをやめて、ポジティブなセルフ

§1　なぜ英語が話せない？

トークをすることで人生を変えていける」といった使い方をします。

　日本は「言霊の国」といわれますが、日本に限らず、「ことば」が人の心身におよぼす影響力の大きさは科学的にも解明されてきています。たとえば、親から侮辱のことばや暴言を受けて育った人は、そうでない人に比べて大脳の聴覚や言語の理解にかかわる部位が小さいという研究結果が出ています。

　また、脳には鏡のような機能があって、目の前にいる人のことばや行動を無意識のうちに自分でも再現しようとするらしいのです。「売り言葉に買い言葉」というように、けんか腰で話しかけられれば、こちらもついけんか腰で返してしまいますよね？　その逆に「君ならできるよ」とか「君の笑顔は素敵だね」などと言われれば、自然と「自分はできる」という気持ちになったり、ずっと笑顔でいようと思ったりするはずです。

　自分で自分に話しかけることばで自分のマインドを変えていくというセルフトークを英会話に応用してみようというのが本書の提案です。自分に、あるいは話し相手の外国人（英語が話せる日本人でももちろんOK）がいると想定して英語で語りかける。これを時間が許す限り、生活の中のありとあらゆる場面で実行する。お金も相手もいらない、実にシンプルで応用範囲の広い英会話上達法です。

　実際、英語のセルフトークをしていると、どんどん脳内が英語モードになってきます。そうなってくればしめたもの。基礎ができている日本人はやがてきちんと話せるようになります。あとは実際にネイティブ・スピーカーや英語を話す外国人とのコミュニケーションの機会を増やしていけばいいのです。セルフトークは、そのレベルまで自分を引き上げていくための「練習試合」だと思ってください。

　その過程では怪我をしたり、恥ずかしい思いをしたりすることも

ありますが、「技が決まった！」「勝てた！」といった喜びもあります。英語も同じです。力不足で相手を困惑させたり、恥ずかしい思いをしたりもしますが、「わかった！」「通じた！」といった喜びが味わえるはずです。失敗したら、またセルフトークで英語力を磨く、そして実践してみる。これを繰り返しているうちに、英語力は加速度的に伸びていきます。

　英語を使う時間を2200時間になるまで「貯金」すれば、英語は必ずしゃべれるようになります。これまでの貯金があれば、「あともうちょっと」かもしれません。トータル2200時間を目指してコツコツと英語のセルフトークを実践し、あなたも「英語が話せる人」になりましょう！

 ## §2 「ぜったい話す」と決意する

 伸びた時期にしていたこと

　英語との長いつきあいの中で、英語力（スピーキング力）がぐんと伸びたなと自分で感じたことが2回ほどあります。

　1つは、アメリカでホームステイをしたときに、その家の子どもたちのベビーシッターをしていた時期です。子どもが使う英語はとてもシンプルで、学校で習った表現の実例集を聞かせてもらっているようなものでした。上の子は7歳ぐらいだったので、こちらが通じない英語を使うと容赦なく聞き返されましたが、下の子はまだ赤ちゃんだったので、間違っても何も言われないことをいいことに、この子に一生懸命英語で話しかけました。「Do you know what did she say... あ、違う、what she said だ。Do you know what she said?」などと、自分で訂正しながら練習することができたのです。

　もう1つは、わりと最近のことです。20代の終わりにフリーランスの翻訳者になり、英語の読み書きは仕事でしていたものの、英語を話す機会もないまま20年近く過ごしてきました。それが突然、英語が母語ではない何人かの外国人と一緒に仕事をすることになったのです。彼らはなまりも強いし、文法的な間違いもありますが、実に堂々と英語をしゃべります。私は英語が話せない日本人スタッフと日本語が話せない外国人スタッフの間で、とにかく英語をしゃべらざるをえない毎日でした。「これを伝えたい」と思ってもとっさにピッタリの表現が出てきません。その場はなんとか別の言い方でごまかして、後で調べる。あるいは、明日こういう会話が想定される

第1章　今日から話そう！毎日話そう！

なと思ったら、それをリハーサルをする。そんなことを日々、繰り返しているうちに、英語をしゃべることが苦痛ではなくなってきました。

私の場合は、たまたま英語を話す相手が身近にいて、「英語を話さざるをえない」という状況でしたが、まだことばを話せない赤ちゃんに向かって話しかけたり、外国人との会話を想定してリハーサルしたりしたことは、まさにセルフトークの実践だったのです。

 語学は筋トレ

あるとき、ダイエット関係のサイトを見ていて、名言だなぁと思った一文があります。「痩せないって言っているうちは痩せない。『痩せる！』『痩せなきゃいけない』にならないとまず痩せない」。実はこの一文を読んですぐジムに入会しました。忙しくて行けない日もあるのですが、今やジム通いは生活の一部です。体重は微減ですが、筋力がついてきたのがはっきりわかります。運動はあまり好きでも得意でもなかったのですが、筋力がついてくると動くことが苦ではなくなります。そうすると、さらに運動したくなり、さらに筋力アップという好循環に入ってきます（と、ジムでは説明されましたが、残念ながらまだそのサイクルには突入していないようです）。

語学もこれと似ています。「しゃべれたらいいなぁ」という漠然とした希望を抱いているうちは、英語との付き合い方も中途半端になりがちです。まずは「英語がしゃべれたらいいなぁ」を卒業して「英語をしゃべる！」と決めてしまいましょう。

何かを「やる！」と決意すると意識が変わり、意識が変わると生活が変わります。目や耳から入ってくる情報に対する心構えや、通

§2 「ぜったい話す」と決意する

勤時間やお風呂の時間やちょっとしたすきま時間などの使い方が変わってきます。目的がはっきりと定まっているので、あとは淡々と粛々と、いかに目標に近づいていくかということを考えればいいのです。出発点は「やる！」という決意をすることです。

 どこで使うの？

　ここで改めてうかがいます。「英語が話せる」というのはどういう状態のことだと思いますか？

　それは今、あなたが日本語で送っている生活をそのまま英語で送れるようになることです。言い換えれば、あなたの生活を丸ごと英語化するということです。もちろん英語圏ではない国で暮らしている私たちがコミュニケーションのすべてを英語にすることは不可能です。でも、家族との会話、かかってきた電話への応対、お店の人とのやりとり、会議でのプレゼン、取引先との商談、上司に報告するのも部下に指示を出すのも、全部英語でできるというのが「英語が話せる」ということのはずです。そこに一歩でも近づくためには、英語で言えることを1つずつ増やしていくしかありません。

　そこで重要になるのがその増やし方です。求めるレベルも方向性も人それぞれでしょうが、それとは別に、有効な増やし方があるのです。

　「ネイティブが使うフレーズを集めました」「会話に必要なフレーズを網羅しました」と謳っている教材があります。それを全部覚えればネイティブみたいに英語がペラペラになれるような幻想を抱きがちです。でも、スーパーコンピューター並みの記憶容量があって、必要なときに自在に取り出せる脳ミソの持ち主ならいざ知らず、い

第1章　今日から話そう！　毎日話そう！

くつかのフレーズを覚えたところで、それを自分の生活の中で実際に使うチャンスは本当に来るでしょうか。おそらくその場面に遭遇するのを待っているうちに、せっかく覚えたフレーズをきれいさっぱり忘れてしまっているのではないでしょうか。いくらネイティブが使うかっこいいフレーズでも、実際の会話で使えないのでは意味がありません。

言えることから一歩ずつ

　実生活で使える英語とはどんな英語なのでしょうか。その答えを知っているのは、ほかの誰でもない、あなた自身です。なぜなら、あなたの生活を知っているのはあなたしかいないからです。

　人が生活の中で使う語彙や表現は、住んでいる地域や家族構成や職業や関心事によってかなり違ってきます。接客業についている人は、事務職の人ならほぼ使わない「いらっしゃいませ」を日に何回も言うでしょうし、同じ接客業でも飲食店とアパレル業ではお客様に向かって話す内容が違ってきます。あるいは子どもがいる人なら「上履き袋」や「おたより」といった単語が日常会話にしょっちゅう出てきますが、独身の方であれば、こんな単語は「子どもの頃の思い出話をするときに、もしかしたら使うかもしれない」というくらいの使用頻度でしかないはずです。

　ですから、他人が考えたフレーズを覚えるのではなく、あなたが毎日生活する中で使っている単語や表現を1つずつ英語に置き換えていくこと、それが生活を英語化するということにほかなりません。

　自分の言いたいことを声に出して英語で言ってみましょう。散歩していて満開の桜の木を見つけたら「わぁ、きれい！」「見事だなぁ」

などと言いたくなります。運転していて、ウィンカーも出さずに割りこんできた車には「危ないじゃないか！」と言いたくなります。それを英語で言ってみるのです。言えるところから、言えるところだけ。その積み重ねがじわじわと効いてきます。

「たどたどしい」が大事

「完璧に正しい英語がしゃべれるようになってからじゃないと、英語をしゃべっちゃいけない」と思いこんではいないでしょうか。たとえば、TEDトーク（アメリカの非営利団体が主催するプレゼンテーション・イベント）に登場するスピーカーたちのような英語でなければしゃべる意味がない、なんて思っていませんか？

そのレベルに至るまでのたどたどしい英語や間違いだらけの英語なんて人に聞かれたら恥ずかしいし、そんなプロセスはすっ飛ばして、できるだけ速く、できるだけ楽にペラペラになりたいというのは、誰もが望むことでしょう。でも、その考えは間違っています！

「たどたどしい英語」こそが、ペラペラになるために必要なステップなのです。ことばを話すということは、【伝えたいことがある】→【脳内でそれを伝えるための表現を考える】→【唇や舌や声帯を動かして口からその表現を音として出す】という脳神経と筋肉が連動した動作です。母語の場合はこの一連の動作はほぼ無意識に行なわれていますが、それは無意識に行なえるレベルまでトレーニングを積んできたからです。

外国語として後から習得する言語の場合は脳神経と話すための筋肉を連動させるトレーニングを意識的に行なうことが必要です。たどたどしい話し方は、そのトレーニングをしている段階なのです。

「千里の道も一歩から」ということわざがあります。「英語ペラペラ」になるためには、たどたどしくても最初の一歩を踏み出さなくてはなりません。

　最初のうちは、言いたくても言えないことのほうが多くて情けなくなったりイライラしたりすると思います。でも、その情けなさや悔しさや怒りこそが、セルフトークの原動力になります。そして、言えなかったことが言えるようになったときの喜びがセルフトークを加速させて、あなたを「英語が話せる人」にするのです。

§3 「英語筋」を鍛えよう

§3 「英語筋」を鍛えよう

日本語筋 vs 英語筋

　英語圏の赤ちゃんも、ただ聞いているうちに突如として英語を話せるようになるわけではありません。「あー」「うー」といった母音だけの音（クーイング）や「ばぶばぶ」といった子音も含めた多音節の音（喃語）を発することで、声帯や口の筋肉を鍛えているのです。そして、その音の羅列が意味と結びついたとき、ことばとして定着し、それを口に出す練習をすることで自分の語彙として自在に扱えるようになっていきます。

　日本語と英語ではしゃべるときに使う筋肉が違います。日本語はほとんどの音節が母音で終わり、くちびるや舌を使って音を出す必要があまりありません。英語は日本語よりも口まわりの筋肉やくちびるや舌を大きく動かし、息も強く吐き出す必要があります。

　まずはアナウンサーか声優にでもなったつもりで、口のまわりの筋肉や舌の筋トレをしてみましょう。

「英語筋」をトレーニング

　では、実際に英語筋アップの顔ほぐしトレーニングをやってみましょう。トレーニングというより、ふだん使っていない顔の筋肉を動かして、英語の発音がしやすいように顔ほぐしをしていきます。できれば前に鏡を置いて、英語のネイティブ・スピーカーになったつもりで口を大きく使って練習してください。

第1章　今日から話そう！　毎日話そう！

1. 思い切り口を開け、目を見開く。そのまま5秒間キープ。

2. 顔の中央に全部のパーツを集める。そのまま5秒間キープ。

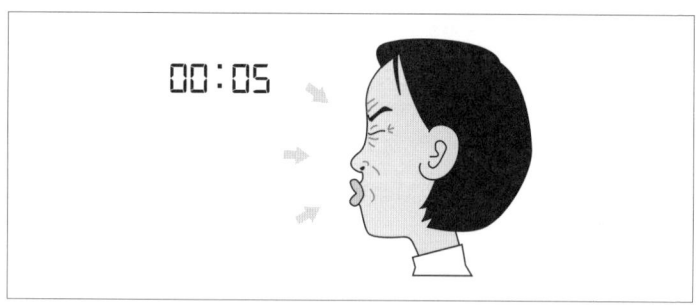

3. 口を開けたまま、のどを広げて10秒間「あー」と言う。口の中にたまごが丸ごとが入っている感じで、口を大きく開けてください。

§3 「英語筋」を鍛えよう

4. 口角を思い切り横に広げて、10秒間「いー」と言う。ほっぺたが痛くなるくらい広げると効果があります。

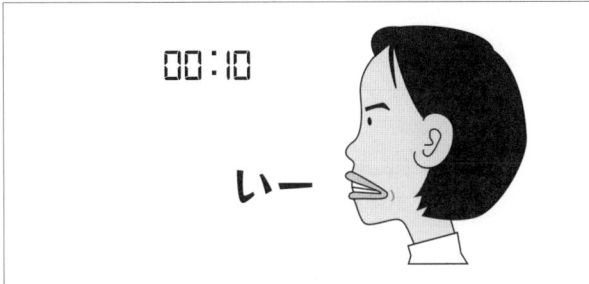

5. くちびるを思い切りすぼめて10秒間「うー」と言う。ろうそくを吹き消すときの口の形でくちびるに力を入れましょう。

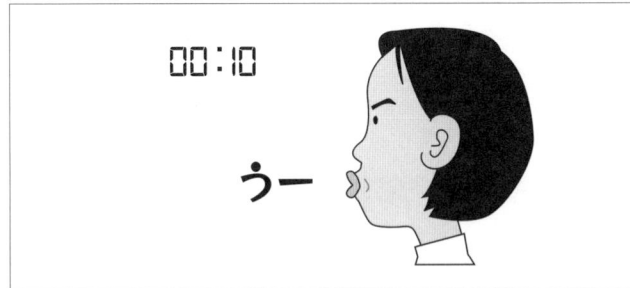

6. くちびるを閉じて力を入れて、するどく「んまっ」と言いながら口を開く。これはmの音の練習です。これを7回繰り返す。

第 1 章　今日から話そう！　毎日話そう！

7. くちびるを閉じて力を入れて、するどく「んぱっ」と言いながら息を吐き出す。これは p の音の練習です。これを 7 回繰り返す。

8. くちびるを閉じて力を入れてするどく「んばっ」と言いながら息を吐き出す。これは b の音の練習です。これを 7 回繰り返す。

9. 上の歯で下くちびるを噛んで「ふぁっ」と言いながら息を吐き出す。これは f の音の練習です。これを 7 回繰り返す。

§3 「英語筋」を鍛えよう

10. 9と同じ口の形で「ヴワッ」と言いながら息を吐き出す。これはvの音の練習です。これを7回繰り返す。

11. 舌の先を上前歯の裏につけて10秒間「うー」と言い続ける。これはlの音の練習です。

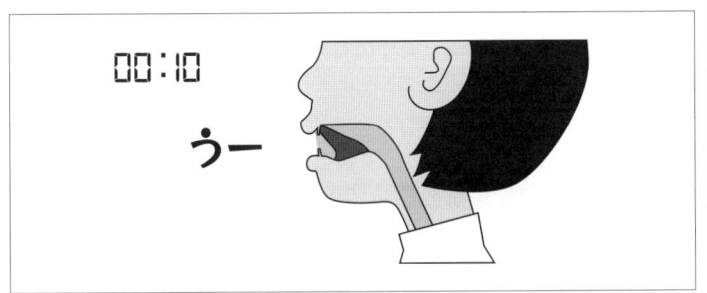

12. 舌の両端を上あごにつけて「うー」と言い続ける。これはrの音の練習です。

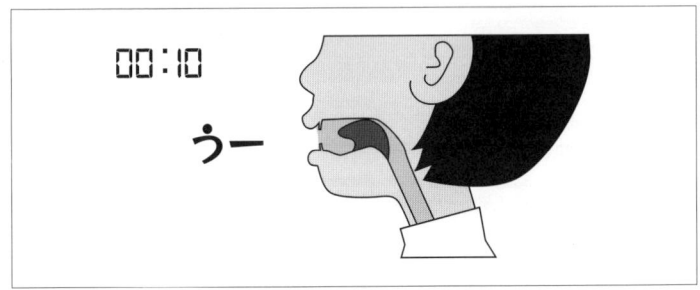

13. 上下の歯で軽く舌を挟んで歯と舌の隙間から7秒間、息を吐き出し続ける。これは th の無声音（think や youth の th）の練習です。

14. 上と同じ形で7秒間、音を出し続ける。これは th の有声音（this や with の th）の練習です。

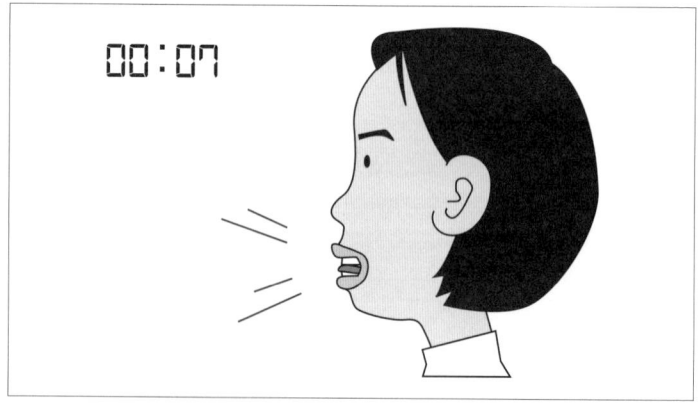

　最初は時間がかかりますが、慣れてくると短時間でこなせるようになります。顔が「筋肉痛」になるくらいやると、着実に「英語筋」がついてきます。

第1週目の課題

これから1週間、以下のことを毎日、実践してみましょう。

本章で紹介した筋トレを毎日必ず実践してください。紹介したとおりの動きでなくてもかまいません。くちびるや舌、口のまわりの筋肉をほぐすように動かしながら、声を出してみましょう。

第2章
とにかく声に出そう！

第2章 とにかく声に出そう！

§1 アウトプットを増やす

聞くことは重要だけれど

「聞き流すだけで OK」と謳っている英会話教材があります。英会話力アップのために、大量の英文を聞くことは確かに有効だと思います。でも果たして本当に「聞くだけ」で話せるようになるのでしょうか。

ふだんから運動をしていない人が、いきなり全力疾走しようとすれば、速く走れないどころか、からだを痛めてしまう可能性すらあります。英語も同じです。英語をしゃべるための筋肉もふだんから動かし方を練習しておかなければ、いざ使おうとしてもスムーズに動いてくれません。

第1章でも書きましたが、日本語と英語ではしゃべるときに使う筋肉が違います。英語を話すときは、口まわりの筋肉やくちびるや舌を大きく動かし、息も強く吐き出す必要があります。そのことを考えただけでも「聞いているだけで英語はしゃべれるようになる」という主張には疑問が残ります。

インプットだけで終わらせない

「聞くだけで英語が話せるようになる」が本当ではないとしても、英語を聞いたり読んだりというインプットがいらないということではありません。「英語が話せるようになる」という目標に近づくためには、インプットをしただけで終わらせずに、「話す」というアウト

プットをとにかく増やしていくことが必要なのです。

　誰でも留学や海外駐在といった英語圏で生活するチャンスが持てるわけではありません。国内にいて話し相手になってくれるネイティブ・スピーカーのともだちが見つかればいいのですが、英会話の練習台になってもらうためにともだちになるのも相手に失礼でしょうし、ともだちになったとしても、四六時中一緒にいられるわけでもありません。

　最近はオンライン英会話スクールが普及していて、通学型のスクールに比べて料金が低く設定されています。それを活用することは有効ですし、お勧めですが、1日30分程度の「貯金」では、2000時間を達するのに莫大な日数がかかります。

　オンライン英会話が始まるのを待っているくらいなら、今すぐに英語をアウトプットしましょう。その機会はいくらでもあります。「見てすぐアウトプット」「聞いてすぐアウトプット」を心がけるだけです。

  看板を読む

　たとえば、街歩きをしていると、英語で書かれた看板がたくさんあるのに気がつきます。日本語の名前をローマ字で書いただけのものもありますが、英語の名前を持つお店もたくさんあります。英語で書かれた看板を見つけたら、声に出して読んでみましょう。

　例のハンバーガーショップ、日本語だと「マ・ク・ド・ナ・ル・ド」と平坦な発音で言いますが、それでは英語圏の人には伝わりません。英語的な発音をあえてカタカナで書けば「マッダーナルズ」という感じになります。最後が「ズ」になっているのに注意してく

第 2 章 とにかく声に出そう！

ださい。よくつづりを見てみると、McDonald's と 's がついています。「McDonald さんの店」という意味ですね。日本語の社名を「マクドナルド」としたのは、's のついた発音は日本語として言いにくいと判断されたのでしょう。同じように 's がついた名前を持つファミリーレストラン Denny's はちゃんと「デニーズ」と発音するのがおもしろいですね。

　お店の看板のほか、道路標識にも英語が書かれています。地名だけでなく、「市役所入り口」とか「○○博物館」とか「健康保健センター」など、あなたの町の公共施設の英語名称を知ることができますので、ぜひ声に出して言ってみましょう。

　以前は「○○公園」を○○ Koen、「□□橋」を□□-bashi のようにローマ字で表記していましたが、東京オリンピックに向けて、Koen → Park、bashi → Brdg.（bridge の省略形）のように英語に変更されてきています。

　道を歩いているときに声に出して言うのが恥ずかしければ、声を出さずに口を動かすだけでも十分に効果がありますし、なんなら口も動かさずに脳内セルフトークでも OK です。大切なのはセルフトークを実践して、それを習慣にすることです。

　看板の中には、アルファベットは使っているけれど、英語ではない言語で書かれていたり、ネイティブにチェックしてもらっていないんだろうなと思われる、怪しい英語の看板も存在したりするのは確かです。でも、このトレーニングは看板の英語を覚えるためにするわけではなく、アウトプットを増やすためにやるのです。正しい英語も怪しい英語も全部英語だと割り切ってやってください。これを続けていると、「この英語は怪しいなあ」という感覚がつかめてくるはずです。実際、赤ちゃんも「文法的に間違った英語」をたくさ

んインプットしているはずなのに、大量にインプトしているうちに正しいことばを身につけていきます。

「この英語、変じゃない?」と思ったら、そのひとことも英語にしてしまいましょう。英語の看板でなくても、おかしな看板がたくさんあります。「これ、〇〇のパクリだよね?」「これ、どういう意味?」「なんで、この絵なの?」など、ふと疑問に思ったことや、思わず突っこみたくなったことなどを英語で言ってみてください。

ちなみに、日本にある間違った英語を取り上げている Engrish.com などのサイトも参考になります。時間のある方はそういったサイトを見ると、英語の感覚を磨くのに役立ちます。

音読

英会話上達のために音読を推奨する本やサイトはたくさんありますが、決して音読だけやっていればいいというわけではなく、アウトプットを増やすための1つの方策として毎日のセルフトークの中に組みこんでいきましょう。

音読の基本的なやり方はそういった本やサイトを見て、自分に合った方法や教材を見つけてください。でも、わざわざ教材を買わなくても、ちょっとした英語の文章はいろいろなところで見つけることができます。日本語の新聞にもたまに英語の記事が載っていたりしますし、インターネット上の情報は80%が英語ですから、音読用の素材はいくらでも見つかります。

一般的に、音読では自分の英語レベルにあった素材を使うべきと言われますが、私はそれよりも自分の興味のあるテーマ、自分の生活にかかわるテーマの素材を選ぶことのほうが重要だと思います。

書かれた文章はそのまま会話文として使えるわけではないので、自分の興味のある分野の単語やフレーズを覚えたり、その分野の情報を会話のネタとして仕入れたりすることを目的にすればいいのです。

音読は、慣れてくると、スラスラと読めてしまうため、機械的・表面的になりがちという落とし穴があります。つまり、活字を発音することだけに意識が行ってしまい、何が書かれているのか、何を伝えたいのかということを意識しなくなってしまうのです。

ですから、活字を追いながら何回か音読をしてスラスラ読めるようになったら、ときどき活字から目を離して読むようにしてみましょう。アナウンサーがニュース原稿を読むときのように、文の意味をきちんと把握した上で、自分がその意味を誰かに伝えるつもりで読んでみてください。

発音が不安なときは、インターネットでテキスト読み上げサイトを利用してみましょう。Google 翻訳でも入力した英文を読み上げてくれますし、「英語　読み上げソフト」で検索すると、いくつか見つかります。若干機械的な音声で聞き取りにくいこともありますが、だいたいの発音やイントネーションはわかります。

聞いてアウトプット

書かれた英語は、正しい発音を確認するのがむずかしいこともありますが、聞いた英語はすぐにリピートできます。日本にいても、ちょっとテレビやラジオをつければ英語のフレーズがいくつも耳に入ってきます。

商品名にも英語が使われていますし、企業名に英語のスローガンを加えた広告もあります。たとえば、Inspire the next（日立）、A better life, a better world（パナソニック）、Changes for the better（三菱）、Make it possible with Canon（キヤノン）、The power of dreams（ホンダ）など、短いフレーズなので簡単にリピートできますね。商品名だろうと企業名だろうと、テレビを見ていて英語として発音されている単語が聞こえたらマネをしてみてください。

　洋画や海外ドラマ、ドキュメンタリー番組も二ヵ国語放送になっているものがたくさんあります。字幕を消して英語音声だけにして見ると英語に集中できますが、内容がわからなくなって楽しめないのでは長続きしません。字幕を見ながらでかまいませんので、聞き取れた英語を声に出して言ってみましょう。最初は単語だけ、あるいは Oh! とか Hey! とか Good morning! といった簡単なフレーズだけしか言えないかもしれませんが、だんだんと長いセリフも言えるようになってきます。

　インターネットもアウトプットのお手本となる英語音声の宝の山です。TED トークをはじめとする珠玉のスピーチや物語の読み聞かせやネイティブによる英会話レッスンなど、選ぶのに迷ってしまうほどです。興味のあるものをどれでもいいので毎日何かしら聞いて、聞いたものをリピートしてみましょう。このとき、英語字幕が入っているものを選ぶと、目で読み、耳で聞いて、自分が言った英語も耳で聞くことができるので、さらに効果が期待できます。

英語の歌を覚える

　「英語を声に出す」トレーニングとしてうってつけなのが英語の歌です。歌を歌うには声を出さざるをえないということもありますが、歌になっていると、英語独特のリエゾン（音のつながり）やアクセン

第2章 とにかく声に出そう！

トやイントネーションが自然に覚えられます。また、フレーズを覚えるにもメロディーに乗せて覚えたほうが、単に覚えるよりも記憶に残りやすいということが英エディンバラ大学の研究でもわかっています。

インターネットには英語の歌の動画がたくさん見つかります。歌詞や訳詞がついているものもありますし、動画にはついていなくても、歌詞だけを集めたサイトもたくさんあります。検索エンジンに聞きたい曲名と"lyrics"（歌詞）と入力すれば、たいがいの曲の歌詞は見つかるはずです。歌詞サイトで歌詞を確認しながら何回も歌を聞き、歌詞を見ないでも歌えるくらいになりましょう。

歌詞を覚えるとき、日本語の意味がわかっていたほうが覚えやすいので、わからない単語は調べておきましょう。洋楽の歌詞を訳して自分のブログなどにアップしている方もいらっしゃいます。そういうサイトも参考にさせてもらいましょう。

洋楽が好きな方ならいきなり好きなアーティストの曲に挑戦してもいいですが、それはちょっとハードルが高いと思われる方は、子ども向けの歌から始めてみましょう。特に「マザー・グース」と総称される伝承童謡は英語圏の人々なら誰もが知っているもので、現代の文学や映画などにも引用されていることがあります。英語の詩の特徴である韻（Rhyme：異なる行の同じ位置に似た発音の単語を置く手法）もふんだんに使われています。

最近になってつくられた子ども向けの歌には、「あいさつ」「数字」「色の名前」「月の名前」など、単語を教えることを目的にしているような歌もあります。また、『英語で歌う日本の童謡』といったCDもあります。これなら、すでに知っているメロディーなのでさらに覚えやすいですね。

§1 アウトプットを増やす

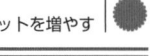

Show and Tell

　何かを見たり聞いたりして英語をアウトプットすることは、いわば受身のアウトプットです。英語を声に出すことに慣れてきたら、お手本なしで自分の言いたいことを言う、能動的なアウトプットの時間を増やしていきましょう。

　とはいえ、相手もいないのに何をしゃべったらいいのか、迷いますよね？ そこでお勧めしたいのが Show and Tell です。Show and Tell（見せて話す）というのは、主にアメリカやカナダの小学校の授業で行なわれている、人前で話すトレーニングです。自分の大切にしているもの、好きなもの、それらの写真などを持ってきて、クラスメートに見せながら、それについて話し、話し終わったらクラスメートから質問を受けます。

　たとえば、こんな感じです。「これは私のお気に入りのバリ島の民芸品のネコの置物です。駅前の雑貨屋さんで一目惚れをして買いました。これはゴムの木でできています」

「私のお気に入りの〜」＝my favorite 〜
「民芸品のネコの置物」＝a folk art cat ornament
「雑貨屋さん」＝a general store
「〜に一目惚れする」＝fall in love with 〜 at first sight
「ゴムの木でできている」＝made of rubber tree

　今、あなたの目の前にある何かを手にとって、聴衆がいるつもりで Show and Tell をしてみましょう。毎日１つ、１センテンスでも２センテンスでもいいので説明してみましょう。フルセンテンスで

第2章　とにかく声に出そう！

言えなければ、単語だけ、フレーズだけでもいいです。目の前の人にそれがどういうものなのかをなんとか伝えてください。

写真描写

　TOEICを受けたことのある方はご存知だと思いますが、リスニング・セクションの中に「写真描写問題」と呼ばれる問題があります。写真を見て、その写真の状況を最も適切に描写している英文を選択肢の中から1つだけ選ぶという問題です。

　この逆をアウトプットのトレーニングとしてやってみましょう。写真、イラスト、絵本の1ページなど何でもいいのですが、人やモノが複数含まれているビジュアル素材を用意します。その1枚の写真あるいは絵から読み取れることをすべて英語で言っていきます。

　たとえば、今、私の目の前には5月のカレンダーがかかっていて、どこかの公園に鯉のぼりが飾ってある写真が使われています。鯉のぼりは何匹も泳いでいて、赤、緑、青、黒などいろいろな色があります。その下の芝生の広場では子どもたちがボール遊びをしています。空には飛行機雲がかかっています。芝生の向こうには広葉樹の森が見えます。

　こういった写真を見ながら、この写真を見ていない人に説明するつもりで、写真に写っているものを事細かに描写してみましょう。これもセンテンスで言うのがむずかしければ、単語やフレーズでいいので、色、数、大きさなどできるだけ細かいディテールまで英語にしてみてください。

§1 アウトプットを増やす

> 「鯉のぼり」＝a carp streamer
> 「吹き流し」＝a wind sock
> 「芝生」＝a lawn
> 「ボール遊びをする」＝play ball
> 「飛行機雲」＝a contrail
> 「広葉樹」＝a broadleaf/broad-leaved tree

　「鯉のぼり」のような日本独特の事物については単に名前を言うだけでは外国人に伝わらないので、説明が必要になってきます。そうなると、写真には写っていませんが、「子どもの日」＝Children's Day とか、「かぶと」＝a samurai warrior helmet とか、「鯉の滝のぼり」＝a carp climbing up a waterfall といった鯉のぼり周辺の表現も調べておくといいでしょう。

第2章 とにかく声に出そう！

§2 「パートナー」をつくる

相手がいれば続けられる

　セルフトークは英会話学校に通う必要もないし、自分1人でできるのがいいところなのですが、独学というのは継続するのがなかなかむずかしいものです。何もない空間に向かってしゃべるよりも、そこに誰かがいると想定してしゃべったほうが臨場感も出ます。そこで、外国人のバーチャル・パートナーに登場してもらうことにしましょう。

　実際に会ったことのある外国人でもいいですし、映画スターやアーティストやスポーツ選手などの有名人を想定しても楽しいかもしれません。ずっと同じ人でもいいですし、その時々によって違う人にパートナーになってもらってもいいでしょう。人間でなくてもいいですよ。ペットのワンちゃん、ネコちゃんでもいいですし、テレビCMで有名なS社が開発したPくんというロボットは、英語も含めて何ヵ国語もOKだそうです。

　あくまでもバーチャルなパートナーなので、相手のパートも自分でしゃべらなくてはならないわけですが、だからこそ双方向のコミュニケーションの練習にちょうどいいのです。自分が言えないことは聞き取れないし、相手の言ったことが聞き取れなければコミュニケーションは成立しません。

外国人目線を持つ

　外国人のバーチャル・パートナーをつくることのもう１つの目的は外国人の目線を意識するということです。以前、日本に来たばかりの外国人の生活支援の仕事をしたことがあります。そのときは毎日のように「これは何？」「これは何するもの？」「これはどうして？」と質問攻めにあいました。日本人にとっては当たり前のことが外国人には不思議だし、おもしろいし、発見の連続なのです。

　そのように、ふだんは当たり前に思っている日常のあれこれを、あえて外国人目線で見直してみてください。毎日の生活の中にセルフトークのネタがいくらでも見つけられるようになります。「これは外国人には説明が必要かも」と思うものがあったら、隣にいるバーチャル・パートナーに「これはこういうものだよ」「これはこういうふうに使うんだよ」と英語で説明してみてください。そういう場面を増やすことによって、あなたの生活をどんどん英語化していくことができます。

セルフトーク仲間をつくる

　何でも友だちと一緒にやるのが好きな人は、セルフトークを継続的に実践していくために、リアルなセルフトーク仲間をつくることもお勧めです。英語力が同じぐらいのレベルの人たちと一緒にグループをつくり、それぞれの生活の中でセルフトークを実践しつつ、定期的に「最初の１時間だけ日本語禁止」の飲み会を開くなんていかがでしょうか。

　日本人同士で英語を話すのは正直照れくさいものですが、「英語を

第2章 とにかく声に出そう！

話す！」と決意した者同士、トレーニングと割り切ってお互いのために英語で話しましょう。

　面と向かって英語を話すのが照れくさいのであれば、メーリングリストやチャットなど、デジタルメディアを活用して「書く」セルフトークを実践してみてはいかがでしょう。

　ライティングは、スピーキングをゆっくりやっているのと同じです。ライティングであれば、わからない単語を調べたり、文法を確認したりしながら、文を組み立てていくことができます。

　英語を話しているときは、わからない単語があっても、文法がちょっとあやふやだったとしても、コミュニケーションを進めることのほうが重要なので、単語や文法を確認しているヒマはありません。特に相手がいる場合はなおさらです。

　その点、ライティングであれば、じっくりと、より正しい文章を組み立てることができます。この「書く」という行為は、声に出さないとしても、脳内でセルフトークをしているのと同じことなので、非常に有効なアウトプットの練習になります。

　もちろん書き上げた英文を、実際に相手と会話をしているつもりで声に出して読むという練習も忘れずに行なってください。

§3 人間関係はあいさつから

出会いは突然

　では、さっそくバーチャル・パートナーと出会ってみましょう。出会いの場面からすでにセルフトークが始まります。たとえば、ふと気がつくと隣にバーチャル外国人が座っていた、という状況を想定しましょう。言ってみれば、パーティーでたまたま初めて会う誰かと隣り合わせたという状況と同じです。さあ、彼（女）に声をかけてみてください。

> あなた「やあ、こんにちは」
> 外国人「こんにちは」
> あなた「ぼくは○○○って言うんだ。よろしく」
> 外国人「私は□□□よ。よろしくね、○○○」

……といった感じでしょうか。別に「正解」はないので、好きに考えてください。でも、一応解説をしておきましょう。

　「やあ」とか「こんにちは」は、

　　Hi.
　　Hello.

ですね。Hello. のほうが若干フォーマルで Hi. はカジュアルな言い方です。相手の使ったあいさつと違う言い方をするほうが英語ではよいとされています。なので、Hi. と声をかけられたら Hello. で返し、

第 2 章　とにかく声に出そう！

Hello. と言われたら Hi. と返すのがネイティブ流と言う人もいますが、Hello. に Hello. で返したところで相手を怒らせることはありません。

　名前を名乗るときは、

　　My name is ○○○.

と言ってもいいですが、こういうシチュエーションではもっと気楽に、

　　I'm ○○○.

という言い方で十分でしょう。ちなみに、現在の中学の英語の教科書では、My name is ○○○. という言い方は「古臭い」表現だとして削除され、日本人の名前を言うときもファーストネーム→ラストネームの順ではなく、ラストネーム→ファーストネームの順になったそうです。でも、どちらでもいいのです。古臭くったって何だって、相手に通じれば。それに、どっちがファーストネームかわからなければ、

　　Which is the first name?

と聞けばいいだけです。それがコミュニケーションというものです。

名前を呼ぶ

　さて、前ページの会話例の中の○○○や□□□には、相手の名前が入ります。英語圏の人たちは、あいさつに限らず、会話の合間合間に相手の名前を実にひんぱんに挟みこんできます。日本人は、子

どもの頃からの友人ならともかく、大人になってからファーストネームで呼び合うことはあまり多くないかもしれません。でも英語では、相手の名前を呼び、相手に関心を持っていることをきちんと示すことが会話のマナーなのです。

なお、初対面の人やまだそれほど親しくなっていない場合は、Mr./Mrs./Ms./Dr.＋ラストネーム（ファミリーネーム）で呼びます。逆に配偶者や恋人、子どもなど、本当に親しい人には、darling, sweetheart, sweetie, honey, baby といった呼びかけのことばも使われます（terms of endearment と言います）。また、道ですれ違った人や店のお客様など、名前を知らない人には sir（男性）、ma'am（女性）、miss（若い女性）と呼びかけます。

英語にない「よろしく」

日本語の「よろしく」は便利なことばで、あいさつでもメールでも最後にこのことばでまとめれば、とりあえず格好がつきます。しかし、英語には「よろしく」という決まり文句はありません。したがって、「よろしく」ということばで本当は何を伝えたかったのかということをよく考えて、シチュエーションに合わせた表現を使う必要があります。ここでは初めて会ったばかりなので、「会えて嬉しいです」という意味の「よろしく」ということだと解釈しましょう。そうであれば、

　　Nice to meet you.

でいいでしょう。「こちらこそよろしくね」と返すのは、

Nice to meet you, too.

と最後に too を加えるか、「あなたにも同じことを返します」という意味で、

Same to you.

と言うこともできます。

あいさつから始めよう

あなたのバーチャル・パートナーが常にそばにいて話しかけてくる「ど根性ガエル」タイプにしろ、呼んだときだけ出てくる「ジーニータイプ」にしろ、会話を始める前にはちゃんとあいさつをしましょう。

Good morning, ○○○.

としっかり相手の名前を呼んでくださいね。

英語のあいさつでは、名前を呼ぶことと同じくらい重要なことがあります。Good morning だけで終えずに「調子はどう？」と相手の状況を気遣う質問をすることです。学校で習った、

How are you?
I'm fine. And you?

というやりとりで十分ですが、たまには、

How are you doing this morning?
How's it going?

といった聞き方や、

> Not bad.
> 「悪くないよ」

> Can't be better [worse].
> 「最高 [最低] だよ」

といった答え方も試してみましょう。

セルフトークの相手になってほしいときは、「ねぇ」と声をかけてみましょう。親しい間柄なので、

> Hey.

でいいですね。「ねえ、知っている？」といった感じなら、

> You know what?
> Guess what?
> 「何だと思う？」

といった言い方もあります。質問したいなら、

> Can I ask you something?
> 「質問してもいい？」

です。ちょっと長めの話を聞いてもらいたいなら、

> Will you listen to my story?
> 「私の話を聞いてもらえる？」

と聞いてもいいでしょう。

第 2 章　とにかく声に出そう！

　You know what? とか Guess what? と言われたときは単に What?（どうしたの？）と聞き返せばいいのですが、相手の言い方に応じて「彼氏と別れちゃった？」とか「プロポーズされたの？」とか冗談めかして答えることもできます。

　それでは、毎日 10 分でも 15 分でも、バーチャル・パートナーとの会話を自由に楽しんでください。Be creative!

第2週目の課題

これから1週間、以下のことを毎日、実践してみましょう。

1

テレビやラジオで流れてきた英語を可能な限りすべてリピートしましょう。気に入ったものはYouTubeなどで確認してみるのもお勧めです。

2

自分が見た景色や携帯電話などに撮った写真などについて毎日1つ、簡単な英語で説明しましょう。辞書を引いてもかまいません。文にならなければ、知っている単語を並べて説明してください。

3

毎日、自分が英語を話しかける相手（バーチャル・パートナー）を見つけましょう。そのパートナーに、あいさつから始めて、毎日3つ以上のテーマについて話してください。

第3章
英語はやっぱり単語

§1 生活の単語を覚える

習わないけどよく使う単語

単語には、聞いてわかるだけの単語 (passive vocabulary) と、聞いてわかるのはもちろんのこと、自分でも使える単語 (active vocabulary) の2種類があります。イギリスの言語学者 David Crystal によると、大学を卒業した人 (もちろん英語ネイティブ) が持っている active vocabulary は平均 60000 語、passive vocabulary だと 75000 語だそうです。

一方、日本人が中学・高校の英語の授業で学ぶ単語数は、学習指導要領で「指導する語彙数」とされているのが中学校で 1200 語、高校で 1800 語です。それらがすべて active vocabulary になっていたとしてもネイティブの大学卒業レベルにははるか遠く及びません。

学校で学ぶ語彙には、生活でごく当たり前に使う単語が含まれていません。たとえば花の名前であれば、「バラ」「サクラ」「ユリ」といった有名どころは習いますが、「キク」「ナデシコ」「アヤメ」といった、日本人の生活になじみの深い花の名前は習いません。あるいは植物の部位として「花」や「葉」は習うかもしれませんが、「つぼみ」「花びら」「茎」「ガク」「おしべ」「めしべ」といった細かい部分の名前までは習いません。これらの単語は、さすがに毎日は使いませんが、花の話題が広がっていけば、植物学者じゃなくても普通の会話で当たり前のように使うはずです。

このように自分の生活で使っている単語は英語でどのように言うのかを調べ、それに関連する単語をまとめて覚えていくようにしま

しょう。

ちなみに先ほど挙げた植物関連の単語は以下のとおりです。

「キク」=chrysanthemum
「ナデシコ」=dianthus, fringed pink (Sweet William とも)
「アヤメ」=iris
「つぼみ」=bud
「花びら」=petal
「茎」=stem, stalk（メインの太い茎）
「ガク」=sepal（1片）, calyx（全体）
「おしべ」=stamen
「めしべ」=pistil

In English, please!

少し前に放映されていた英会話学校のコマーシャルですが、家族がご飯を食べているところに英会話講師らしき人が現れて、誰かが日本語で何かを言うたびに In English, please! と言うというものがありました。あなたの隣にいるバーチャル・パートナーには、常にこのことばをささやいてもらいましょう。

今、あなたはどこにいますか？　部屋の中？　電車の中？　それともカフェ？　ちょっと座ってゆったりできる場所にいるのであれば、ぜひ自分のまわりにあるモノの英語の名前をひとつずつ、バーチャル・パートナーと会話しながら確認していってください。

In English, please! と言われて、英語で何と言うかわからないときは逆に質問してしまいましょう。「英語で何と言うの？」は、call を

使って、

> What do you call this in English?
> 「これを英語で何と呼びますか」
> What is this called in English?
> 「これは英語で何と呼ばれますか」

と聞くか、say を使って、

> How do you say this in English?
> 「これを英語でどのように言いますか」

と聞きます。call の場合は what で、say の場合は how という違いに注意しましょう。それぞれの質問にあわせた答え方は、

> We call it ○○.
> It's called ○○.
> We say ○○.

です。

知らない単語を調べるには？

あなたのセルフトーク・パートナーがホンモノのネイティブであれば、わからない単語があったとき、「ねぇ、これ英語で何て言うの？」とすぐ聞けるのですが、残念なことにバーチャル・パートナーはあくまでもバーチャルですから、あなた自身が知らない単語は答えられません。わからない単語があったら、

§1 生活の単語を覚える

Let's look it up in the dictionary.
「辞書を引きましょう」

と言って、すぐ調べるようにしましょう。

　単語を調べるにはやはりインターネットが便利です。オンライン辞書もたくさんありますが、わざわざ辞書のサイトに行って調べる必要はありません。検索エンジンに「○○○（調べたい日本語の単語）　英語　発音」と入力すれば、その単語の発音まで含めた英単語が調べられます。

　オンライン辞書にはたいていネイティブによる発音がついていますので、必ず発音を確認しておきましょう。自分で発音できない単語は聞き取れないし、記憶に残りにくいからです。1つのサイトに録音されている発音だけではなく、いくつかのサイトの発音を聞き比べることでより正確な発音を知ることができます。

　特にストレス（強く読むところ）の位置を正確に覚えておくことは重要です。ストレスの位置が正しければ、他の部分の発音が多少違っていても英語らしく聞こえるからです。

　辞書には訳語が複数載っていることがあります。また、日本語で指しているものと英語で指しているものが微妙に違っていることもあります。そういうときは、その単語で「画像検索」してみてください（具体的なモノをあらわす名詞に限られますが）。出てきた画像を見れば、もとの日本語のニュアンスと英単語のニュアンスの違いがわかります。

　単語をいっぺんにまとめて覚えるために、単語集や単語リストを使って文字だけで覚えようとしてはいけません。「これを英語で言いたい。でも言えない」「うぅ、くやしい！」「わからないままだとモ

第3章　英語はやっぱり単語

ヤモヤする」——。そこで調べてみて「ああ、そうか！　そう言うんだ！」とわかってすっきりする。そういった「ヒラメキ体験」が語学には重要なのです。

　せっかく調べてわかった単語も、使わなければ忘れてしまいます。自分の生活圏内のモノであれば、しょっちゅう目にしたり使ったりしますね。目にするたび、使うたびにその単語を口にすることで active vocabulary に変わっていきます。忘れてもいいのです。忘れてまた覚える。そうやって記憶に定着していくのです。

英語で言ってみよう！

[住まい編]

　自分の家の中を見まわして、目に入ったものから、英語で言ってみましょう。単語の意味は訳で覚えるのではなく、実物を見てイメージとして脳に焼きつけてから、口になじませていきましょう。

(1) My ＿洋服ダンス＿ is full of clothes that I don't wear any more.
「私の洋服ダンスは、もう着ない服でいっぱいです」

(2) I want to buy a new ＿食器棚＿.
「私は新しい食器棚を買いたいと思っています」

(3) I need to clean out the ＿下駄箱＿.
「私は下駄箱の掃除をする必要があります」

(4) This ＿掃除機＿ is so powerful.
「この掃除機はすごく強力です」

§1 生活の単語を覚える

(5) First, sweep your floor with a ほうき and ちりとり .
「まず、床をほうきとちりとりで掃いてください」

(6) Then, wipe it with a ぞうきん .
「それから、ぞうきんでふいてください」

(7) Use this ふきん to dry the dishes in the 水切りカゴ .
「このふきんで水切りカゴの中のお皿をふいてください」

(8) I whipped the cream with a 泡立て器 .
「私は泡立て器でクリームを泡立てました」

(9) This 洗剤 smells so good.
「この洗剤はとても良い香りがします」

(10) I'm cooking soup on the コンロ .
「コンロでスープを煮ているところです」

(11) Water is dripping from the 蛇口 .
「水が蛇口からもれています」

(12) Turn on the 換気扇 when cooking.
「調理中は換気扇をつけてください」

(13) Put the 便座 down after you use it.
「使ったあとは便座を下げておいてください」

(14) Miso soup is served with a お玉 .
「みそ汁はお玉でよそいます」

(15) I'm growing some plants in my ベランダ .
「私はベランダで植物を育てています」

(16) Hang your clothes with 洗濯ばさみ .
「服を洗濯ばさみで干してください」

第 3 章　英語はやっぱり単語

(17) Arranged flowers are placed in the ___床の間___ .
「床の間に生け花が飾ってあります」
(18) The ___神棚___ is placed high on the wall.
「神棚が壁の高いところに置かれています」
(19) There are some incense sticks on the ___仏壇___ .
「仏壇には線香が何本かあります」
(20) The ___6畳間___ is a guest room.
「6畳間は客間です」

解答例

(1)「洋服ダンス」= wardrobe, closet, dresser, chest (of drawers)：服をかけてしまうタンスが wardrobe や closet、引き出し式のタンスは dresser や chest。
(2)「食器棚」= cupboard：発音は「カップボード」ではなく、「カッバード」という感じ。
(3)「下駄箱」= shoe cupboard：shoe と単数形で使うことに注意。
(4)「掃除機」= vacuum cleaner, Hoover [英]：vacuum は「真空」という意味。Hoover はブランド名から。
(5)「ほうき」= broom 「ちりとり」= dustpan
(6)「ぞうきん」= dustcloth, floorcloth
(7)「ふきん」= dish towel 「水切りカゴ」= (dish) drainer
(8)「泡立て器」= whisk
(9)「洗剤」= detergent, dish soap, washing powder：detergent は洗剤一般を指す語、dish soap は文字ど

おり食器用、washing powder は粉状のもの。
(10)「コンロ」=(cooking) stove: 暖房器具の「ストーブ」と区別したいときは cooking をつける。
(11)「蛇口」=faucet [米], tap [英]:「水道水」は tap water。
(12)「換気扇」=(exhaust) fan, kitchen ventilator/range hood fan
(13)「便座」=toilet seat
(14)「お玉」=ladle
(15)「ベランダ」=veranda, balcony, porch
(16)「洗濯ばさみ」=clothespins [米], (clothes) pegs [英]
(17)「床の間」=alcove
(18)「神棚」=household Shinto alter: alter は「祭壇」のこと。
(19)「仏壇」household Buddhist alter
(20)「6畳間」=6 tatami-mat room

[オフィス編]

今度はオフィスで使っている文具類です。オフィス用品にはカタカナになっているものがたくさんあります。カタカナをそのまま英語にしても通じないものもあるので、正しい英単語を覚えていきましょう。

(1) Would you bind them together with a ＿ホチキス＿?
「それ、ホチキスで留めていただけますか?」

第3章 英語はやっぱり単語

(2) We don't have to remove ＿ホチキスの針＿ from paper.
「書類からホチキスの針をはずす必要はありません」

(3) A ＿針なしホチキス＿ is environmentally friendly.
「針なしホチキスは環境にやさしい」

(4) He left you a message on a ＿付箋＿.
「彼は、付箋にあなた宛のメッセージを残していきました」

(5) Where did I put the ＿のり＿?
「のりをどこに置いたんだろう?」

(6) We need a more powerful ＿接着剤＿.
「もっと強力な接着剤が必要です」

(7) Do we have any more rolls of ＿セロテープ＿?
「まだセロテープのロールは残っていますか?」

(8) Seal the box with ＿ガムテープ＿ and write "Fragile".
「箱をガムテープで留めて、"こわれもの"と書いてください」

(9) I think it is better to use ＿両面テープ＿ than glue.
「のりより両面テープを使ったほうがいいと思います」

(10) How can you draw a straight line like that without a ＿定規＿? 「定規も使わずにどうしてそんなにまっすぐな線が書けるんですか?」

(11) Could you give me a ＿クリップ＿ or two?
「クリップを1つか2ついただけますか?」

(12) Would you calculate it again with a ＿計算機＿?
「もう一度、計算機で計算していただけますか?」

(13) Let me check my ＿スケジュール帳＿.
「スケジュール帳を確認させてください」

§1 生活の単語を覚える

(14) Please modify the sections marked with a 　蛍光ペン　.
「蛍光ペンで色をつけたところを修正してください」

(15) This 　シャープペン　 is easy to write with.
「このシャープペンは書きやすいです」

(16) The 　シャープペンの芯　 keeps snapping.
「シャープペンの芯が折れてばかりいます」

(17) This 　ボールペン　 uses erasable ink.
「このボールペンは消えるインクを使っています」

(18) He signs documents with a 　万年筆　.
「彼は万年筆で文書に署名をします」

(19) I want a wider 　修正テープ　.
「もっと幅の広い修正テープがほしいです」

(20) A 　カッターナイフ　 cuts better than scissors.
「カッターナイフのほうがはさみよりよく切れます」

解答例

(1)「ホチキス」＝stapler：「stapleするもの」という意味。つまり、stapleは「ホチキスで留める」という意味の動詞なので、例文はWould you staple them?と言い換えられます。

(2)「ホチキスの針」＝staples：針1本1本をstapleと言います。

(3)「針なしホチキス」＝stapleless stapler, staple-free stapler

(4)「付箋」=Post-it note（商品名）, tag/label/slip（書類に貼付する紙片一般）
(5)「のり」=glue
(6)「接着剤」=adhesive: 動詞 adhere「粘着する」から
(7)「セロテープ」=cellulose [adhesive, sticky] tape, Sellotape〔英〕, Scotch tape〔米〕: Sellotape も Scotch tape もブランド名から。Sello- は cellulose の cell- をもじったもの。
(8)「ガムテープ」=packing [parcel] tape
(9)「両面テープ」=double-sided (adhesive) tape
(10)「定規」=ruler
(11)「クリップ」=paper clip, binder clip〔ダブルクリップ〕
(12)「計算機」=calculator
(13)「スケジュール帳」=(schedule) planner, organizer
(14)「蛍光ペン」=highlighter, marker
(15)「シャープペン」=mechanical pencil
(16)「シャープペンの芯」mechanical pencil lead, lead of a mechanical pencil: lead の発音は [led]。
(17)「ボールペン」=ballpoint pen
(18)「万年筆」=fountain pen
(19)「修正テープ」=correction tape:「修正ペン」は correction [corrector] pen、「修正液」は correction fluid。
(20)「カッターナイフ」=retractable/utility (folding) knife, Stanley knife（ブランド名から）, box cutter

§1 生活の単語を覚える

[食材編]

食材をあらわす名詞は、個体全体として見た場合は可算名詞ですが、材料として見た場合は不可算（物質）名詞になるという点に注意が必要です。

(1) ＿大根＿ can be eaten raw or cooked.
「大根は生のままでも調理しても食べられます」

(2) There are many ＿ごぼう＿ recipes in Japanese cooking.
「和食にはごぼうを使った料理がたくさんあります」

(3) ＿ニラ＿ are nutrient and fiber rich.
「ニラは栄養と食物繊維に富んでいます」

(4) ＿白菜＿ is a common ingredient in Japanese hot pot recipes.
「白菜は日本の鍋料理でよく使われる食材です」

(5) Young children usually don't like ＿長ネギ＿.
「小さい子どもはたいがい長ネギが好きではありません」

(6) There are two types of ＿柿＿: sweet and astringent.
「柿には甘柿と渋柿の2種類があります」

(7) ＿みかん＿ are smaller than oranges and easy to peel.
「みかんはオレンジよりも小さくて、皮をむきやすいです」

(8) Do you eat ＿ざくろ＿ in your country?
「あなたの国ではざくろを食べますか？」

第3章 英語はやっぱり単語

(9) Fatty portion of ＿マグロ＿ is called "O-toro".
「マグロの脂ののった部分は"大トロ"と呼ばれています」

(10) ＿サバ＿ cooked in miso paste sauce is a traditional Japanese dish.
「サバのみそ煮は、日本の伝統的な料理です」

(11) My favorite ＿カツオ＿ recipe is katsuo tataki.
「私の好きなカツオ料理はカツオのたたきです」

(12) ＿タイ＿ is considered as a good luck fish in Japan.
「日本ではタイはおめでたい魚だと考えられています」

(13) ＿イカ＿ is also good for tempura.
「イカは天ぷらにも向いています」

(14) I'm allergic to ＿タコ＿.
「私はタコアレルギーです」

(15) The set menu comes with ＿わかめ＿ miso soup.
「定食にはわかめのみそ汁がつきます」

(16) In Japanese cuisine, ＿昆布＿ stock is used as a base for many recipes.
「和食では、昆布だしが多くの料理のベースとして使われています」

(17) ＿豆腐＿ is made from soybeans and rich in protein.
「豆腐は大豆からつくられ、たんぱく質が豊富です」

(18) I don't like the smell of ＿納豆＿.
「私は納豆のにおいが好きではありません」

(19) ＿こんにゃく＿ is said to block fat absorption.

§1 生活の単語を覚える

「こんにゃくは脂肪の吸収を防ぐと言われています」

(20) There are many ways to make ___漬物___ .

「漬物の作り方にはいろいろあります」

解答例

(1) 「大根」=Japanese (white) radish
(2) 「ごぼう」=burdock (root)
(3) 「ニラ」=Chinese [garlic] chive(s)
(4) 「白菜」=Chinese cabbage
(5) 「長ネギ」=(Japanese) green onion(s), (Japanese) leek(s)
(6) 「柿」=(Japanese) persimmon
(7) 「みかん」=mandarin orange(s), tangerine(s)
(8) 「ざくろ」=pomegranate(s)
(9) 「マグロ」=tuna
(10) 「サバ」=mackerel
(11) 「カツオ」=bonito, skipjack
(12) 「タイ」=sea bream
(13) 「イカ」=squid, cuttlefish
(14) 「タコ」=octopus
(15) 「わかめ」=wakame seaweed, brown seaweed: weed は「雑草」のこと。「雑草」だとイメージが悪いので sea vegetable とも言う。
(16) 「昆布」=kelp, tangle
(17) 「豆腐」=tofu, soybean curd

第3章 英語はやっぱり単語

> (18) 「納豆」=natto, fermented soybeans
> (19) 「こんにゃく」=konnyaku, konjac
> (20) 「漬物」=Japanese pickles

　いかがでしたか？　日常的によく使う単語なのに、英語ではサッと言えないものがたくさんあったのではないでしょうか。全部をいっぺんに覚える必要はありません。「これ、英語で何と言うんだろう？」と気になったものから調べて、家やオフィスの中、あるいは近所で目にするものを1つ1つ英語で言えるようにしていきましょう。

　さらには、バーチャル・パートナーと、その単語を使った会話を1人2役でやってみましょう。たとえば、

> Do you really call this ○○ in English?
> 「これ、英語で本当に○○って言うの？」

> ○○ is hard to pronounce!
> 「○○って発音するの、むずかしい！」

> Where did you put ○○?
> 「○○、どこに置いた？」

など、実際に誰かとやりとりしそうな会話を想定してみてください。単語は文脈の中で使うことによって、さらに記憶に定着し、徐々にactive vocabulary になっていきます。

連想ゲームで単語を増やす

　すでに英語の単語を知っているモノでも、それを構成している部

§1 生活の単語を覚える

分の名称まで英語で言えるモノは少ないのではないでしょうか。

たとえば、「腕時計」＝watch はすぐに出てくるでしょう。では、「短針」「長針」「秒針」「文字盤」「竜頭」といった単語も、時計に関連する話をしていれば普通に使っているはずですが、これらを英語で言えますか？

またさらに腕時計について話が広がっていけば、「職人技」とか「機械式」とか「電波時計」とか「日本標準時」といった単語も使うでしょうし、関連する話題として「目覚まし時計」「掛け時計」「ストップウォッチ」「懐中時計」「クロノグラフ」といった単語も出てくるかもしれません。

「腕時計」＝watch という単語がわかっただけで満足せずに、「腕時計と言えば……」と連想ゲームをして、関連する単語もどんどん増やしていきましょう。

「短針」＝hour hand/short hand
「長針」＝minute hand/long hand
「秒針」＝second hand
「文字盤」＝dial/face
「竜頭」＝crown
「職人技」＝craftsmanship
「機械式（腕時計）」＝mechanical watch
「電波時計」＝radio-controlled watch
「日本標準時」＝Japan standard time
「目覚まし時計」＝alarm clock
「掛け時計」＝wall clock
「ストップウォッチ」＝stopwatch

「懐中時計」＝pocket watch
「クロノグラフ」＝chronograph

単語がわからないときの言い換え

　英語に単語がいくつ存在するのか知りませんが、とにかく膨大な数であり、全部を覚えることなどとても不可能です（母語であっても不可能だと思います）。そしていったん覚えたと思っても、人間は忘れる生き物です。毎日使っていない単語はすぐに忘れてしまいます。

　単語を忘れてしまっても、あるいは、その単語をまだ覚えていなかったとしても、知っている単語を駆使してなんとか言い換える努力をしてみましょう。

　まず言い換え方の1つとして「～の一種」という言い方ができます。たとえば「クジラ」＝a whale という単語を知らなかった場合、A kind of animal that lives in the ocean. It's very big. It looks like a fish but it's not. というような言い換えができます。動植物であれば、a kind of ～のほかに a species of ～、a variety of ～という言い方もできます。

　むずかしい用語は簡単な単語で言い換えましょう。たとえば、

小児科医　a pediatrician　→　children's doctor
眼科医　an ophthalmologist　→　eye doctor
宇宙飛行士　an astronaut　→　spaceman/spacewoman

と言い換えられます。

§1 生活の単語を覚える

あるいは用途で説明する方法も考えられます。

鉛筆 ≒ something to write with
紙　 ≒ something to write on
箸　 ≒ tools that Japanese people use to eat

といった具合です。

このような「言い換え力」を高めていくには、子ども向け英英辞典を「読む」ことや、子ども向けのクロスワードパズルで遊ぶことをお勧めします。大人向けは上級者には向いていますが、最初は子ども向けのほうが楽しんで取り組めるでしょう。

また、英英辞典を「読む」のは、オンライン辞典ではなく、紙の辞書のほうが適しています。オンライン辞典は、調べたい単語がわかっている場合は、それを検索ウィンドウに入れるだけでダイレクトにその単語のページに到達することができますが、パラパラとページをめくりながらいろいろな単語の定義を読み物のように読むことができるのは、紙の辞書ならではです。

子ども向けのイラスト入りの英英辞典があれば、好きなページをパッと開いて、好きな単語の定義の部分を読んでみましょう。その単語がどう言い換えられているかに注目してください。いくつか読んでいくと、言い換えのパターンがわかってくると思います。

指さし確認トレーニング

身のまわりのものを英語で何と言うかだいたいわかったら、今度は「指さし確認トレーニング」を実践してみましょう。

第3章　英語はやっぱり単語

　指さし確認トレーニングとは、身のまわりものを指さしながら、それを瞬時に英語で言っていくというトレーニングです。たとえば、洗面所にいるのであれば「歯ブラシ」「歯磨き粉」「蛇口」「栓」などをどんどん指さしして英語にしていきます。1秒以内に思い出せないものは実際の英語で使えないので、思い出すのに1秒以上かかったものは、1秒以内で言えるようになるまで何度も繰り返し言ってみましょう。

　また、ゲーム感覚でできるだけ連続して指さししながら言っていくと効果が高まります。この訓練はかなり短時間でできるので、なるべく10個以上連続して言うようにしてください。

§2 自分の行動を説明する

まず日常の動作から

§1では、自分の生活の中で使っているモノの名前、すなわち名詞を増やしていこう、ということをお話ししました。次は動詞です。動詞も名詞と同様、まずは自分の生活にかかわりの深いものから覚えていきましょう。動詞は動作をあらわすものですから、実際にその動作をしながら覚えていくのがいちばんです。

まずは家の中でしていること、職場でしていること、趣味の習い事でしていること、飲みに行ったときにしていることなど、自分がしていることを英語で言えるようにしましょう。

英語で言ってみよう！

[家庭編]

休みの日に家の中でくつろいでいたら、バーチャル・パートナーから電話がかかってきた、と仮定しましょう。バーチャル・パートナーがこう尋ねます。

What are you doing now?
「いま、何してるの?」

このとき、単に何をしているのかを尋ねる普通のトーンだけでなく、イライラしたトーン（会う約束をしていたのに待ち合わせ時間

第3章　英語はやっぱり単語

になってもあなたが現れないので怒っている、など）や申し訳なさそうなトーン（あなたに何かやってもらいたいことがあって、休みの日なのに悪いなと思っている、など）でも質問してもらいます。答えるあなたも、それに応じたトーンで答えてみてください。

　質問が現在進行形になっていますから、一般的には現在進行形で答えます。「一般的には」と書いたのは、学校英語では質問した人が使った時制と同じ時制で答えると習ったと思いますが、実際の会話では必ずしもそうではないからです。たとえば、「何してるの？」と聞かれる直前まで何かをしていて、聞かれたときにはそれが終わってしまっている場合は、「別に（何もしていないよ）。ちょうど洗濯が終わったところ」のような答え方になり、これは現在完了形であらわします。

　ここでは、以下の動詞（あるいはあなたの家の中での行動をあらわすその他の動詞）を使って現在進行形で答えてみてください。

I'm (just) ～ing.
「私は～をしています」

　just は「ちょうどいま」とか「ちょっと～しているだけ」というニュアンスを加えます。

　では、トレーニングとして、次の日本語文を英語で言ってみましょう。

（1）あくびをしているところです。
（2）ベッドで伸びをしているところです。
（3）ベッドから出ようとしているところです。
（4）シャワーを浴びているところです。

§2 自分の行動を説明する

(5) 顔を洗っているところです。
(6) ひげをそっているところです。
(7) 服を着ている（身支度を整えている）ところです。
(8) コーヒーを入れているところです。
(9) 新聞を読んでいるところです。
(10) テーブルを片付けているところです。
(11) 歯を磨いているところです。
(12) 化粧をしているところです。
(13) 掃除をしているところです。
(14) 夕食を作っているところです。
(15) テレビを見ているところです。
(16) 風呂に入っているところです。
(17) 髪を乾かしているところです。
(18) 洗濯をしているところです。
(19) ゴミを出しに行くところです。
(20) 子どもを寝かしつけているところです。

解答例

(1) I'm yawning.
(2) I'm stretching out in bed.
(3) I'm getting out of bed.
(4) I'm taking a shower.
(5) I'm washing my face.
(6) I'm shaving my face.
(7) I'm getting dressed.

(8) I'm making coffee.
(9) I'm reading a newspaper.
(10) I'm clearing off the table.
(11) I'm brushing my teeth.
(12) I'm putting on my makeup.
(13) I'm cleaning the house.
(14) I'm cooking dinner.
(15) I'm watching TV.
(16) I'm taking a bath.
(17) I'm drying my hair.
(18) I'm doing the laundry.
(19) I'm taking out the garbage.
(20) I'm putting my kids to bed.

[職場編]

今度は、職場での行動をあらわす動詞です。次のパターンで言ってみましょう。

I need to ～.
「～する必要があります」
「～しなければなりません」

need to のあとに動詞が来る場合は原形（辞書の見出しの形）にします。

では、次の日本語文を英語で言ってみましょう。

§2 自分の行動を説明する

(1) 上司に挨拶をしなければなりません。
(2) タイムカードを押さなければなりません。
(3) パソコンを立ち上げなければなりません。
(4) メールをチェックしなければなりません。
(5) メールに返信しなければなりません。
(6) 会議資料を作らなければなりません。
(7) 会議を招集しなければなりません。
(8) 企画書を書かなければなりません。
(9) 上司に報告しなければなりません。
(10) アポを取らなければなりません。
(11) 書類を提出しなければなりません。
(12) PDFに変換しなければなりません。
(13) テキストファイルで保存しなければなりません。
(14) USBに保存しなければなりません。
(15) 会議室を予約しなければなりません。
(16) 予約を確認しなければなりません。
(17) プロジェクトを開始しなければなりません。
(18) 請求書を発行しなければなりません。
(19) 文書を修正しなければなりません。
(20) 出張に行かなければなりません。

解答例

(1) I need to greet my boss.
(2) I need to punch my time card.
(3) I need to start my computer.

(4) I need to check my emails.
(5) I need to respond to my emails.
(6) I need to prepare the meeting materials.
(7) I need to call a meeting.
(8) I need to write a proposal.
(9) I need to report to my boss.
(10) I need to make an appointment.
(11) I need to submit a document.
(12) I need to convert a file to a PDF.
(13) I need to save a file as text.
(14) I need to save a file to a USB memory stick.
(15) I need to reserve a meeting room.
(16) I need to confirm my reservation.
(17) I need to launch a project.
(18) I need to issue an invoice.
(19) I need to modify the document.
(20) I need to go on a business trip.

[自分史編]

今度はこれまでの人生でしてきたことを英語で言ってみましょう。過去のことなので、動詞は当然過去形となります。過去形は通常、過去の時をあらわす表現とともに使います。年（in 1989 など）や年齢（when I was 8 years old／at the age of eight など）を適宜入れてみましょう。

§2 自分の行動を説明する

(1) (〜で) 生まれました。
(2) (〜で) 育ちました。
(3) (〜年に) 幼稚園に入りました。
(4) (〜年に) 小学校に入りました。
(5) (〜のときに) 転校しました。
(6) (〜と) 親友になりました。
(7) (〜で) 最優秀賞をもらいました。
(8) (〜を) 受験しました。
(9) (〜で) 留年しました。
(10) (〜を) 卒業しました。
(11) (〜に) 就職しました。
(12) (〜に) 転勤になりました。
(13) (〜へ) 転職しました。
(14) 解雇されました。
(15) 資格を取りました。
(16) (〜と) 婚約しました。
(17) 結婚しました。
(18) 第一子を授かりました。
(19) (〜へ) 引っ越しました。
(20) 家を買いました。

解 答 例

(1) I was born in 〜.
(2) I was raised in 〜.
(3) I entered a kindergarten in 〜.

(4) I entered an elementary school in ~.
(5) I transferred to another school when I was ~.
(6) I became best friends with ~.
(7) I won the first prize in ~.
(8) I took an entrance exam for ~.
(9) I repeated a year in ~.
(10) I graduated from ~.
(11) I got a job with ~.
(12) I got a transfer to ~.
(13) I changed jobs to ~.
(14) I got fired.
(15) I obtained a license.
(16) I got engaged with ~.
(17) I got married./I married to ~.
(18) I had my first child.
(19) I moved to ~.
(20) I bought a house.

　あなたのこれまでの人生には、もっといろいろなことが起きたと思います。今のあなたにつながっている1つ1つの経験を英語で言えるようになりましょう。

§3 気持ちを伝える

形容詞の覚え方

単語を覚えるときに、まず覚えやすいのは名詞、次に動詞です。その2つに比べると、形容詞は覚えにくいところがあります。というのは、名詞があらわすものははっきりした形を持っていることが多く、英語圏の国々にも日本にも同じものや似たようなものがあるので具体的にイメージしやすいのです。動詞にしても、その動詞があらわす行動や状態は、同じ人間がやることですからそれほど大きくは違わないので、動作をイメージしながら覚えることができます。一方、形容詞は抽象的で、主観的な判断が入ってくることもあって、イメージしにくかったり、たとえイメージできても、それが英語のニュアンスとはズレていることも少なくありません。

どんな品詞の単語でもそうですが、特に形容詞は big=「大きい」、smart=「頭がいい」というように単語と訳語を1対1で覚えるのではなく、インターネットで調べたり、文脈から判断したりして、その語のあらわすニュアンスをイメージとして覚えるようにしましょう。たとえば、自分の知りたい単語を画像検索すると、ネイティブ・スピーカーが持つ、思いもしなかったその単語へのイメージがわかることもよくあります。

同じ事実でも、描写する人の主観によってその表現が違ってくるのは日本語でも同じです。たとえば、非常にお金を大切に使う人がいたとして、それを好ましいと感じている人は「彼はとてもつつましい人だ」などと言うでしょうが、否定的な目で見ている人は「彼

はすごくケチでしみったれたヤツだ」などと言うでしょう。単語を選択する際にはこのような価値判断をしているわけです。形容詞を覚えるときは特に、それがいい意味なのか悪い意味なのかという点にも意識を向けてください。

その形容詞に当てはまる実際の人物や状況を思い出しながら、形容詞を覚えていきましょう。まずは、人物の性格をあらわす形容詞です。自分の嫌いな人、憧れの人を思い浮かべながら次の形容詞を覚えていってください。イメージがはっきりしているほど、すらすら頭に入っていきます。

英語で言ってみよう！

[性格をあらわす形容詞編①]

以下のセンテンスの○○にはあなたの知っているイヤな奴の名前を入れて、下の形容詞から当てはまるものを選んで言ってみてください。

a. ○○ is very _____.
b. ○○ is such a/an _____ person.
c. Don't be so _____.

(1)「攻撃的な」＝aggressive
(2)「おうへいな」＝arrogant
(3)「頭でっかちな」＝big-headed
(4)「いばった」＝boastful
(5)「退屈な」＝boring

§3 気持ちを伝える

(6)「軽率な」＝careless
(7)「ずるい」＝cunning
(8)「皮肉っぽい」＝cynical
(9)「うそつきな」＝dishonest
(10)「うじうじしている」＝indecisive
(11)「無責任な」＝irresponsible
(12)「怠惰な」＝lazy
(13)「ひきょうな、ケチな」＝mean
(14)「気がころころ変わる」＝moody
(15)「器の小さな」＝narrow-minded
(16)「下品な」＝nasty
(17)「悲観的な」＝pessimistic
(18)「無礼な」＝rude
(19)「いやみったらしい」＝sarcastic
(20)「自己中心的な」＝selfish

[性格をあらわす形容詞編②]

それでは次は「素敵な人」をあらわす形容詞です。具体的な人をイメージし、以下のパターンで言ってみましょう。

a. ○○ is very ＿＿＿＿＿.
b. ○○ is such a/an ＿＿＿＿＿ person.
c. I'll be as ＿＿＿＿＿ as he/she is.

(1)「愛情にあふれた」＝affectionate
(2)「勇気がある」＝brave

第3章 英語はやっぱり単語

(3)「器の大きな」=broad-minded
(4)「魅力的な」=charming
(5)「情に厚い」=compassionate
(6)「思いやりのある」=considerate
(7)「創造的な」=creative
(8)「勤勉な」=diligent
(9)「活動的な」=energetic
(10)「ざっくばらんな」=frank
(11)「接しやすい」=friendly
(12)「心の広い」=generous
(13)「公正な」=impartial
(14)「熱心な」=passionate
(15)「我慢強い」=patient
(16)「頭の回転が速い」=quick-witted
(17)「頼れる」=reliable
(18)「誠実な」=sincere
(19)「思慮深い」=thoughtful
(20)「温かい」=warmhearted

[気分をあらわす形容詞編]

　日本語では気分をあらわすのに「喜怒哀楽」ということばを使いますが、英語にすれば「喜」と「楽」は同じカテゴリーに入ると思われますので、気分をあらわす形容詞を大きく「怒」、「哀」、「喜・楽」の3つに分けてみました。次のパターンと形容詞を使って、自分がどういうときにそういう気分になるかを言ってみてください。

「どういうときに」=when 〜や「どうして」=because 〜の部分は英語で言えなくてもかまいませんが、実際の出来事やそのときの気分を思い出しながら、感情を込めて言ってみましょう。

a. I got/felt so _____ when 〜.
b. I tend to feel _____ when 〜.
c. I am really _____ because 〜.

「怒」の形容詞

(1)「怒っている」=mad, angry
(2)「激怒している」=furious
(3)「いらいらする」=irritated
(4)「迷惑に感じている」=annoyed
(5)「当惑している」=perturbed
(6)「動転している」=upset
(7)「混乱している」=confused

「哀」の形容詞

(1)「悲しい」=sad
(2)「不幸だ」=unhappy
(3)「傷ついた」=hurt
(4)「落ちこんだ」=depressed
(5)「憂鬱だ」=blue
(6)「打ちのめされた」=devastated
(7)「心の折れた」=heartbroken

「喜・楽」の形容詞

(1)「嬉しい・楽しい・幸せだ」＝happy
(2)「わくわくしている」＝excited
(3)「(嬉しくて)ドキドキしている」＝thrilled
(4)「歓喜している」＝overjoyed
(5)「喜んでいる・満足している」＝pleased
(6)「おもしろい」＝amused
(7)「嬉しい」＝delighted

状態をあらわす形容詞編

ニュースを見たり相手の話を聞いたりして、「すごい！」とか「ひどいね！」といった感嘆のことばを口にすることがあると思います。そのようなときに使うのが状態をあらわす形容詞です。

以下のパターンに良い状態をあらわす形容詞と悪い状態をあらわす形容詞を入れて言ってみましょう。気分をあらわす形容詞のときと同様、どういう状態かを具体的に想像しながら練習しましょう。

たとえば、ニュースや新聞などで、災害や事件のことを聞いたり読んだりしたときには「それはひどい！」と言ってみてください。逆に科学的な発見や何かを達成したニュースであれば、「それはすばらしい！」と言ってみましょう。

  That's _____!

良い状態

(1)「よい」＝good
(2)「すばらしい」＝great
(3)「すばらしい」＝excellent
(4)「完璧な」＝perfect
(5)「すばらしい」＝fantastic
(6)「最高にすばらしい」＝super
(7)「飛び抜けてすばらしい」＝outstanding
(8)「ずば抜けてすばらしい」＝superb
(9)「驚くほどすばらしい」＝awesome
(10)「見事ですばらしい」＝splendid

悪い状態

(1)「悪い」＝bad
(2)「まったくよくない」＝no good
(3)「ひどい」＝terrible
(4)「ひどくいやな」＝horrible
(5)「ひどい」＝awful
(6)「ひどすぎる」＝disgusting
(7)「ひどすぎる」＝sickening
(8)「みじめな」＝pitiful
(9)「信じられない」＝unbelievable
(10)「悲惨な」＝disastrous

第3章 英語はやっぱり単語

英語の形容詞は、実にバラエティー豊かです。形容詞のニュアンスは、ことばだけでは説明しきれないことが多いですし、1対1の訳語が存在したとしても、英語と日本語であらわしている状態や気分が微妙に違っている可能性もあります。形容詞をたくさん覚えるには、英語の類語辞典を活用しましょう。

たとえば、terrible を類語辞典で引くと、

> abhorrent, appalling, awesome, awful, dangerous, dire, disastrous, disturbing, dreadful, frightful, gruesome, horrifying, shocking, monstrous, repulsive, revolting ...

など、似た意味の単語がたくさん出てきます。次に terrible の訳語の1つである「恐ろしい」を日本語の類語辞典で調べてみると、

> 凄い、すさまじい、ひどい、おどろおどろしい、おっかない、怖い、おぞましい、物恐ろしい

といった単語が並んでいます。この英日両方の単語をグループ単位で覚え、細かいニュアンスは英英辞典で調べたり、実際の使用例の文脈を確認したりして、徐々に使い分けを覚えていきましょう。

第3週目の課題

これから1週間、以下のことを毎日、実践してみましょう。

1

1日1回、身近なものを「指さし確認トレーニング」しましょう。できれば10個以上連続して言えるようになるまでやること。

2

帰宅後に（お風呂などがいいでしょう）、その日の自分の主な行動を思い出して、簡単な英語で言ってみましょう。

3

その日にあったことについて、そのときにどんな気持ちになったかを英語で言ってみましょう。

第4章
チャンクを使って言ってみる

第4章　チャンクを使って言ってみる

§1 「英語で考える」とは？

「考える」前に「話す」

「英語を話せるようになるためには、英語で考えなければならない」とよく言われます。なんとなく「そうなのか」と納得してしまうことばですが、改めて読み直してみると、「英語で考える」というのはどういうことなのか、わかったような、わからないようなところがあります。

私は「英語で考える」ことができるから「英語が話せる」のではなく、むしろその逆なのではないかと思っています。すでに英語で考えている人が英語を話せるのは当然なのです。でも英語でしゃべれないことを英語で考えられるわけがありません。英語で考えている状態とは、脳内セルフトークをしているのと同じことだからです。

英語で話せるようになっていけば、ふとしたきっかけで脳内の英語モードスイッチがプチッと入り、気がつくと英語で考えているようになります。こうなれば、夢も英語で見るようになってきます。

ですから、もし「いったいどうやって英語で考えたらいいんだろう？」と悩んでいる方がいらしたら、私の答えはこうです。「考えるより話しましょう！」「ただ声を出さないで、脳内セルフトークをすればいいのです！」

さて、ここまでは「とにかく英語を声に出す」「単語を増やす」と言い続けてきましたが、そろそろ「ちゃんとした文で言う」ということを意識したセルフトーク・トレーニングをしていきましょう。

§1 「英語で考える」とは？

「不完全」でも気にしない

　本書でいう「ちゃんとした文」とは、単語や適当なフレーズではなく、とりあえず主語と動詞があって、英語の語順のルールをほぼ守っているものという程度の意味です。She doesn't がつい She don't になってしまったり、I play the piano の the を抜かしてしまったりする個々の文法的な間違いは許容範囲です。主語と動詞がそろっていて、言いたいことがだいたい伝わっていれば OK としましょう。

　「ちゃんとした文」で言うためには、要するに「英作文」をする必要があるのですが、学校の英作文の授業では完璧な文にしてからでないと発表できません。

　でも、ことばをしゃべるときは、日本語でもそうですが、完璧な文をつくってから声に出しているわけではありません。英作文と同じやり方で英語をしゃべろうとすると、実際に声に出す前にかなり時間かかってしまいます。だから、「完全な文にする」というのを諦めて、「とりあえず主語と動詞を英語で言う」に切り替えてください。

　たとえば、文章であれば、「昨日、私は隣町のデパートに行き、ふだんは買わないブランドもののバッグを衝動買いしてしまいました」というように書くところを、友人とのおしゃべりでは、「昨日、隣町のデパートに行ったのよ。で、ブランドもののバッグ買っちゃった！ いつもブランドものなんて買わないのに、衝動買いしちゃった」というように、意味的にまとまりのある比較的短いフレーズを寄せ集めたような話し方をしているはずです。

　この意味的にまとまりのある短いフレーズのことを「チャンク (chunk)」と言います。チャンクはもともと「かたまり」という意

第4章 チャンクを使って言ってみる

味で、普通は chunk of meat とか chocolate chunk のように使いますが、アメリカの認知心理学者、ジョージ・ミラーが「人間が一度に処理できる情報の単位・そのかたまり」として提唱した心理学用語です。

　音読をするときにはこのチャンクの切れ目で息つぎをします。また長文読解ではチャンク単位で意味を読み取っていけば「返り読み（＝英語の語順を無視して、日本語の語順で訳しながら読むこと）」をしないですみます。実は話すときも、話し手は意識していないかもしれませんが、チャンク単位でしゃべっているのです。

§2 主語と動詞を決める

正しい順序で組み立てる

いくつかの単語を組み合わせてチャンクをつくっていくときにも、いくつかのチャンクを組み合わせて文をつくっていくときにも、どういう順序で並べるかという決まりがあります。それが「英文法」です。

「文法なんか気にしているからしゃべれなくなるんだ」という人もいます。本書でも「間違ってもいいから、まずはどんどん話そう」と勧めていますが、それは決して文法が不要だと言っているわけではありません。Good morning. や How are you? といったあいさつのことばなどは、何度も繰り返し口にしているために、文法を意識しないですむようになっただけの話です。

なるべく多くのチャンクを、文法など意識しないでも言えるようになるまで何度も繰り返し練習しなければなりません。セルフトークなら好きなときに好きなだけそのような反復練習ができます。

英語と日本語の違い

英語と日本語の大きな違いが2つあります。1つは、文の中の動詞の位置です。英語は〈主語＋動詞＋目的語〉という SVO 型の言語ですが、日本語は〈主語＋目的語＋動詞〉という SOV 型の言語です。

もう1つは日本語では見かけ上、主語が省略されることが多いのに対し、英語では原則として主語が省略できないということです。

第4章　チャンクを使って言ってみる

　SVO型である英語では、文のいちばん重要な情報であるSV（誰がどうした）をズバッと言ってしまい、それから動詞の種類によっては必要となるO（何を・何に）を加え、そのあとに場所や時間といった文に必須ではない要素（「副詞的修飾語」といいます）を最後に持ってきます。一方、日本語では、「昨日、隣町のデパートで」といった副詞的修飾語をまず言ってから、主語をはっきり言わずに最後に動詞を持ってきます。

　個々のチャンクをきちんと組み立てられたとしても、「ちゃんとした文」に組み立てていくときにつまずきやすいのは、この日英の大きな違いに起因しています。「昨日、隣町のデパートで……」と頭に浮かんだことを英語にしようとすると、日本語に引きずられて、つい、

　Yesterday, at a department store...

という始まり方にしてしまったり、「昨日、セールがあった」と頭に浮かんで、

　Yesterday, there was a sale...

と there is の形を多用してしまったりしがちです。これでは、長く会話を続けることはできません。

最優先は〈主語＋動詞〉

　さらに、日本人はふだん、主語のない文に慣れているので、英文にするときに、主語を何にするかいちいち考えてしまい、「えっと、私が行ったんだからI...、行っただからwent...」と1語ずつ変換

していきます。それでは何を伝えたいのか、さっぱりわかりません。

　伝えたいことを具体的なイメージとして、あるいは大まかな概念として思い描いたら、それを表現するために最適な〈主語＋動詞〉のチャンクをさっと口に出せるようになる必要があります。

　さらに、I went ... というチャンクを疑問文にした Did you go ...? や「私も行っていい？」と聞くときの Can I go ...?、「行くべきじゃなかった」と言うときの You shouldn't have gone .... なども、1つの〈主語＋動詞〉のチャンクのバリエーションとして言えるようにしておきましょう。

まず主語を決める

　〈主語＋動詞〉のチャンクをスムーズにつくるには、まず主語を決めなければなりません。ただ、そのときに日本語の助詞「は」や「が」に惑わされて、本来、主語ではないものを主語に立ててしまわないように気をつける必要があります。

　たとえば、「昨日は英語のテストだった」と言いたい場合、「昨日」に助詞の「は」がついているので、つい、

　　Yesterday was an English test.

と Yesterday を主語にしてしまいがちです。しかし、「英語のテストだった」は、「英語のテストが行なわれた」あるいは「私が英語のテストを受けた」という意味ですから、「英語のテスト」を主語にして、

　　An English test was held yesterday.

とするか、「私」を主語にして、

I had an English test yesterday.

としなければなりません。

　本来、yesterday や today、last month、this morning といった日時をあらわす単語は、副詞的修飾語であり、文の必須構成要素ではないので、通常であれば、〈主語＋動詞〉よりも後に置かれます。それが文頭に出てくるのは、その部分を強調したいときです。たとえば、「いつも月曜日は数学のテストだ。でも昨日（の月曜日）は英語のテストだった」というような場合には、

We have a math test on every Monday. But, yesterday, we had an English test.

と yesterday を文頭に持ってきますが、単に「昨日、英語のテストだった」と言いたいときに、Yesterday, we... と文頭に出す必要はありません。

　ただ、とっさに主語が出てこないときに、Yesterday,...（昨日の話だけどね）と時間稼ぎのために言っておいて、その間に主語を考えるというのは、1つの方法です。

　ちなみに、「昨日は雨だった」「昨日は楽しかった」など、「昨日」を名詞扱いすれば、主語にできる場合もあります。

Yesterday was rainy/raining.
Yesterday was fun.

§2 主語と動詞を決める

内容のない It を主語にする

「昨日は雨だった」「昨日は楽しかった」は、「私が楽しい時間を過ごした」と読み替えて、

I had fun yesterday.

とIを主語にすることもできますが、代名詞のit を主語にして言うことも可能です。

It was raining/rainy yesterday.
It was fun yesterday.

この it は、yesterday を言い換えた代名詞ではありません。特定の名詞の言い換えではないことから「非人称のit」と呼ばれ、天候、季節、寒暖、時間、距離などの話をするときには、このit を主語に立てる必要があります。

またこれは漠然とした状況をあらわすときにも使います。「漠然とした状況」というのは、話し手と聞き手の間で漠然と共通認識ができている時間的・空間的状況のことで、

How is it going?
「調子はどう？」

Go for it!
「行け！/ 頑張れ！」

It's your turn.
「君の番だよ」

といった文に使われている it がそうです。

「漠然とした状況」をあらわす it と並んで、「漠然とした人」をあらわす we や they もおさえておきましょう。

They speak Spanish in Mexico.
「メキシコではスペイン語を話す」

We live in a material world.
「我々は物質世界に生きている」

上の文の they は、「フアンとマリアとミゲルの3人」というような特定の人をあらわしているわけではなく、「メキシコに住む人々全般」という漠然とした人をあらわすのに使われています。下の文の we も「私と隣の山田さんの2人」という特定の人ではなく、「この世に生きている人々全般」という意味です。

「象は鼻が長い」を英語にすると？

日本人が英語を話す上で、適切な主語を設定できるようになることが1つの大きな壁になっていると言っていいでしょう。日本語では明示されていない主語が人であるのか、モノであるのか、コトであるのかを常に意識し、人やモノであれば、それが1つなのか複数なのかという点にも注意を払いましょう。

日本語の主語を考えるとき、日本語独特の文型の例としてよく使われるのが「象は鼻が長い」という文です。この文の主語が「象」なのか「鼻」なのかという日本語文法の議論はさておき、この文を英語にするとき、何を主語に持ってくるのかを瞬時に判断しなくて

はなりません。「象は長い鼻を持っている」と読み替えれば、

　　Elephants have long trunks.

と Elephants が主語になりますし、「象の鼻は長い」と読み替えれば、

　　Elephants' trunks are long.

と trunks が主語になります。

　この「○○は□□が〜だ」という文型には、「私はうなぎが食べたい」「あなたはいびきがうるさい」などいろいろなパターンがありますので、こうした文に出会うたびに、英語にする場合は何を主語にしたらいいのかと考えるくせをつけましょう。

　主語のない日本語を英語にするときの主語の選び方の訓練として、英語に翻訳することを意識せずに書かれた文章とその英訳を読むことをお勧めします。最近は日英対訳で書かれた本もたくさんありますが、英語の文章を先に書いてそれに和訳をつけたものではなく、純粋に日本語の読者だけを想定して書かれた文章を英訳したものを選んでください。たとえば、日本語の新聞記事とその英訳を並べて読めるサイト（有料）もあります。

主語に合わせて動詞を決める

　さて、主語を決めたら、次に考えるのは動詞です。先ほど主語を考えるのに、「人かモノかコトか」、そして人やモノであれば「1つか複数か」に注意を払ってください、と書きましたが、それは、その違いが動詞の選択に関係してくるからです。

第4章　チャンクを使って言ってみる

　たとえば、自分が持っていたコップを落として割ってしまった、という状況を説明したいとします。これは、「私はコップを落として割ってしまった」とも表現できますし、コップが割れてしまった責任をあいまいにしたければ、「コップが落ちて割れてしまった」とも言えます。

　「私」を主語にするなら「落とす」(drop) という他動詞を使って、

　　I mistakenly dropped the glass.

となりますし、「コップ」を主語にするなら「落ちる」(fall) という自動詞を使って、

　　The glass fell off from my hand.

となります。

　「私」を主語にした文に mistakenly（間違って）という副詞を入れたのは、drop「落とす」という他動詞には「人」の「意図」が感じられるため、drop だけだとわざと落としたと解釈されてしまうからです。

　同じ「コップ」を主語にした文でも、

　　The glass was dropped by someone.

と受動態にすれば、コップが自然に落ちたわけではなく、「誰かが意図的に落とした」というニュアンスを伝えることになります。

　実は、drop には「落ちる」という自動詞の用法もあるので、

　　The glass dropped from my hand.

とすることもできます。

時制を考える

まずは〈主語と動詞〉のチャンクをさっと言えるようになるというのが大きな目標ですが、それがある程度できるようになったら、今度は動詞の時制にも注意を払ってみましょう。

英語の時制の文法解説は省きますが、以下のようなおおまかな区分けを意識しておいてください。

1. 現在のことなのか、過去のことなのか、未来のことなのか
   →現在のことであれば現在形・現在進行形、過去のことであれば過去形・過去進行形、未来のことであれば、will や be going to を使います。
2. 今まさに起きていることなのか、習慣的・反復的に起きることや過去も今も変わらない普遍的な事実なのか
   →前者なら現在進行形、後者なら普通の現在形を使います。この区別をそのまま過去のことをあらわすのに使えば過去進行形と普通の過去形になります。
3. 過去から現在まで続いていることなのか、過去として終わっていることなのか
   →前者なら現在完了形、後者なら普通の過去形を使います。過去よりも前(＝大過去)から過去まで続いていることは過去完了形です。

「『～している』だから現在進行形だな」「『～してしまった』だから現在完了形かな？」というように、日本語の語尾と対応させて覚えるのではなく、頭の中で時間軸を思い浮かべながらイメージで理解し、できるだけ多くの英文に接して、時制の使い分けを感覚的に身につけていきましょう。

第4章 チャンクを使って言ってみる

　現在進行形は be + -ing 形、現在完了形は have + 過去分詞というように時制をあらわす組み合わせが決まっています。これもやはりチャンクですから、1つの動詞につきすべてのパターンを、主語も添えた形でチャンクにして、口になじませるように繰り返し言ってみましょう。

§3 人を主語に

主語を人に代える

「まず主語と動詞だ」と言われても、すぐに英語にするのはむずかしいかもしれません。英作文の問題のように、主語つきの文が日本語で示されているのであれば別ですが、話の流れの中で、何を主語にするのかをすぐに決めるのにはけっこう高度な英語感覚が必要とされます。

§2で「英語はSVO型、日本語はSOV型」という日英の違いについて書きましたが、別の視点から言うと「英語はスル型、日本語はナル型」という分け方もできます。日本語では「でかい魚がつれた」と行為者を表に出さないで表現しますが、英語ではI caught a big fish.（私がでかい魚を釣った）と行為者を明確にして言います。英語では「誰がどうした」「何がどうした」という部分が一番重要な情報なのです。

日本語の「ナル型」思考のまま英文をつくると、つい There is X. や X is Y. という be 動詞の構文ばかりを使ってしまいがちです。

たとえば、友だちがすてきなバッグを持っていたとして、「すてきね」と言いたくなったとします。おそらく、

> Your bag is really nice.
> 「あなたのバッグ、本当にすてきね」

という表現を使う人が多いのではないかと思います。

あるいは、道を歩いていてきれいな桜が咲いているのを見つけた

第4章　チャンクを使って言ってみる

ら「桜、きれいだね」と言いたくなるでしょう。するとこういう言い方をするのではないでしょうか。

The cherry blossoms are beautiful!
「桜の花がきれいだ」

もちろん、be動詞を使った表現も大事なのでどんどん使ったほうがいいのですが、「○○は□□だ」という構造の文ばかりでは単調になってしまいます。

より英語らしい表現にしたり、表現のバリエーションを広げたりするためには、be動詞を使うのをがまんして、〈人＋一般動詞〉のチャンクに変換する訓練が必要です。

先の例であれば、「あなたのバッグはすてき」ではなく、「あなたは素敵なバッグを持っている」に変換して、

You have a really nice bag.

「桜がきれい」ではなく、「私は桜をきれいだと感じる」に変換して、

I find the cherry blossoms beautiful.

と言ってみましょう。

You have ... というチャンクや I find it/them ... というチャンクが組み立てられたら、

You have beautiful hair.
「あなたは髪がきれいですね」
You have a wonderful smile.

「あなたは笑顔が素晴らしいですね」

I find the problem difficult.
「この問題はむずかしいなぁ」
I found all the movies boring.
「映画は全部つまらなかった」

のように、後ろの部分を言い換えて、どんどんセルフトークを広げていってみましょう。

まずIと言ってみる

英会話は自分と相手とのことばのやりとりですから、I...（私は...）やYou...（あなたは...）を主語にすることが多くなります。「主語を何にしたらいいかわからない」というときは、とりあえずI...と言ってみると有効です。たとえば、道を歩いていて桜がきれいだと思ったら、

I...

ととりあえず言ってみてください。Iのあとに、「えーと」という意味の 'er' 'um' 'uh' といった音を出しておくと、「考え中」のサインです。

その間に、脳みそをフル回転させてIとcherry blossomsを結びつける動詞を考えましょう。先ほどのI find A B.という構文が思いつかなければ、「桜が見える」という意味の、

I see the beautiful cherry blossoms.

とか、きれいだと思ったということは「好きだ」ということですから、

    I like the beautiful cherry blossoms.

と言うこともできますね。

  もし cherry blossoms がわからなければ、

    I like the beautiful flowers.

でもかまいません。まずは〈I＋一般動詞〉のチャンクでできるだけ多くの文を言ってみる練習をしてください。いざとなったら、

    I think . . . the flowers are beautiful.

と I think を使うことで、次に続ける英語を思いつくまでの時間かせぎをすることもできます。

第4週目の課題

これから1週間、以下のことを毎日、実践してみましょう。

1

バーチャル・パートナーに対して、次のうちから毎日1つ選んで、英語で説明しましょう。完全な文にできなくても、なるべくチャンクをつくってみてください。

・朝起きてから玄関を出るまでの行動
・顔の洗い方・歯の磨き方
・洗濯機の使い方
・食事の仕方
・着替えの仕方
・お風呂の入り方
・職場・学校までの道順(電車の乗り方、自転車・自動車の乗り方などでもよい)
・電話の掛け方
・コンビニ・スーパーでの買い物の仕方
・その他の自分の行動

第4章　チャンクを使って言ってみる

2
1を言うときに、毎日3つ以上、和英辞典を引いて知らなかった単語を加えましょう。

3
帰宅してから、自分のその日の感情の動きと、その日に会った人のことを言ってみましょう。

第5章
バーチャル・パートナーと英会話

第5章 バーチャル・パートナーと英会話

§1 疑問文で会話はつながる

会話の多くは疑問文

次の会話を読んでみてください。

妻「ねぇ、これどうしたの？」
夫「先週買ったんだよ。言っただろ？」
妻「えー、聞いてないよ。いつ買ったのよ？」
夫「うーん、日曜日かな」
妻「日曜日？ 日曜はゴルフで1日いなかったじゃない」
夫「……。え、そ、そうだっけ？ じゃ、土曜日かな」
妻「買った日を覚えてないの？ 本当にあなたが自分で買ったの？」

　妻が夫に聞くと、夫がそれに答え、妻に何かを聞き返す。それに妻が答え、さらに夫に聞く、という繰り返しになっています。このように日常会話のほとんどは、質問と答えで成り立っています。

　「話し上手は聞き上手」とも言われます。聞き上手な人は、相手の話を聞きながら、それまでの話を踏まえた質問を絶妙なタイミングで投げかけ、さらに相手から話を引き出します。英会話でも同じことです。相手の話のちょっとした切れ目にタイミングよく質問を挟みこめるようになるために、疑問文のチャンクをセルフトークで練習しておきましょう。次ページからの左側のコラムが「疑問文のチャンク」として口に徹底的に覚えさせる必要がある部分です。

覚えておくべき疑問文

英語で上手に受け答えできるようになるために、ここでは、実際に使われる疑問文を見ていきましょう。ほとんどが知っている表現だという方が多いでしょうが、現実に話の流れの中でタイミングよく口に出せるかどうかは別の次元です。ぜひ声に出してチェックしていってください。

[Yes-No 疑問文]

Yes-No 疑問文とは、「はい」「いいえ」で答えられるような疑問文のことです。be 動詞と一般動詞ではつくり方が違います。

【be 動詞】

Am I
Is he
Is she
Is it
Are we
Are you
Are they

right? (正しい)
safe? (安全だ)
doing OK? (うまくやる)
good-looking? (見た目がいい)
a human? (人間)
the only one? (オンリーワン)

【一般動詞の現在形と過去形】

Do I
Do you
Do we

Do they	need it? (それが必要だ)
Does he	go there? (そこに行く)
Does she	eat something? (何かを食べる)
Does it	
Did I	look OK? (よさげだ)
Did you	have to do so? (そうせざるをえない)
Did we	
Did they	get better? (よくなる、ましになる)
Did he	
Did she	
Did it	

【一般動詞の現在完了と過去完了】

Have I	been like that? (そのようだ)
Have you	
Have we	been heard? (聞かれる)
Have they	
Has he	gone wrong? (悪化する)
Has she	
Has it	come too early? (早く来すぎる)
Had I	
Had you	changed much? (大きく変わる)
Had we	
Had they	stayed independent? (独立している)
Had he	
Had she	
Had it	

§1 疑問文で会話はつながる

【助動詞】

> Will I/you/we/they/he/she/it . . . ?
> Would I/you/we/they/he/she/it . . . ?
> Can I/you/we/they/he/she/it . . . ?
> Could I/you/we/they/he/she/it . . . ?
> May I/we . . . ?
> Might I/we/they/he/she/it . . . ?
> Shall I/ we . . . ?
> Should I/you/we/they/he/she/it . . . ?
> Must I/you/we/they/he/she/it . . . ?

[疑問詞疑問文]

これまでに見てきた疑問文に、疑問詞をつけた文のことです。数が多くなってしまうので、you が主語の場合のみ挙げていきます。

【誰が・誰を / に】

> Who are you . . . ?
> Who do/did you . . . ?
> Who have/had you . . . ?
> Who will/would you . . . ?
> Who can/could you . . . ?
> Who might you . . . ?
> Who should you . . . ?
> Who must you . . . ?

【何が・何を / に】

> What are you ... ?
> What do/did you ... ?
> What have/had you ... ?
> What will/would you ... ?
> What can/could you ... ?
> What might you ... ?
> What should you ... ?
> What must you ... ?

【いつ】

> When are you ... ?
> When do/did you ... ?
> When have/had you ... ?
> When will/would you ... ?
> When can/could you ... ?
> When might you ... ?
> When should you ... ?
> When must you ... ?

【どこで】

> Where are you ... ?
> Where do/did you ... ?
> Where have/had you ... ?
> Where will/would you ... ?

§1 疑問文で会話はつながる

> Where can/could you ...?
> Where might you ...?
> Where should you ...?
> Where must you ...?

【なぜ】

> Why are you ...?
> Why do/did you ...?
> Why have/had you ...?
> Why will/would you ...?
> Why can/could you ...?
> Why might you ...?
> Why should you ...?
> Why must you ...?

【どのように】

> How are you ...?
> How do/did you ...?
> How have/had you ...?
> How will/would you ...?
> How can/could you ...?
> How might you ...?
> How should you ...?
> How must you ...?

【どれくらい】

How much...?
(量)

How many...?
(数)

How far...?
(程度)

How long...?
(長さ)

How often...?
(頻度)

How well...?
(良さ、上手さ)

§2 バーチャル・パートナーとつながる

どんどん質問しよう

　疑問文の使い方を覚えたら、今度は実際に使ってみましょう。ネイティブ・スピーカーに知り合いのいる人やオンライン英会話をやっている人は、相手が言ったことに対して、疑問文のチャンクを使って質問してみてください。

　「そんな相手はいない」という人ももちろんだいじょうぶ。セルフトークでは、いつでもバーチャル・パートナーが登場してくれるのですから。

　ではさっそくバーチャル・パートナーに質問をしてください。たとえば、愛猫がバーチャル・パートナーなら、抱っこしながら、

　　How are you doing today?
　　「今日は調子はどう？」

といった決まり文句や、

　　What did you do today?
　　「今日は何をしたの？」
　　Are you hungry?
　　「お腹空いた？」

などと、言える範囲でかまわないので、どんどん質問してください。
　質問をするときは、ついつい自分の言いやすい形を使ってしまいがちですが、いくらバーチャル・パートナーだとしても同じような

質問ばかりでは進歩がありません。1つの質問から連想ゲームのように少しずつ関連のある内容の違う質問へとどんどん発展させていきましょう。

たとえば、Are you hungry? と聞いたあとは、

What do you want to eat?
「何が食べたい？」
What did you eat today?
「今日は何を食べたの？」

といった具合です。

バーチャル・パートナーになって答える

では、今度はバーチャル・パートナーになったつもりで返事をしてみましょう。Are you...? で聞かれたら Yes, I am./No, I'm not.、Do you...? で聞かれたら Yes, I do./No, I don't. で答えるという決まりは中学1年生で習ったはずです。ただ、単に Yes/No だけではぶっきらぼうな印象を与えてしまいますので、掘り下げる形で情報を足していきましょう。

でも、それほど複雑な文を言う必要はないのです。たとえば、Are you hungry? と聞かれたのなら、質問文にちょっとだけ単語を足して、

Yes, I'm very hungry.
「うん、すごくすいてる」

とするだけでずいぶん会話らしくなります。あるいは、

No, I'm still full.
「ううん、まだお腹いっぱいなの」

などと、反対の単語を使うと、表現力にバリエーションがつけられるようになります。

よく使う質問についてはこのように「肯定的に答える場合」と「否定的に答える場合」の2つを覚えておくといいでしょう。

バーチャル・パートナーとの一人二役をうまく成り立たせるコツは、ふだんの声と違う声とを使い分けることです。愛猫がバーチャル・パートナーであれば少し声を高めにするとか、老犬の場合は低く太くするなど、声色を変えると表現力を磨く訓練にもなって一石二鳥です。

さらに質問を返す

あなたからの質問にバーチャル・パートナーとして答えたら、今度は逆にバーチャル・パートナーからあなた自身への質問を投げかけてみましょう。

たとえば、Are you hungry? に対して、声色を変えて Yes, I'm very hungry. と答えたら、そこで会話を終わらせずに、

How about you?
「あなたはどうなの？」

とか、

Are you hungry, too?
「あなたもお腹空いている？」

第5章　バーチャル・パートナーと英会話

などと、そのトピックに沿った質問を続けていきましょう。

ほかにも、

> Will you cook supper?
> 「夕食を作ってくれる?」
> Why don't we go out and eat dinner somewhere?
> 「外出してどこかで夕飯を食べない?」

といった依頼や勧誘の表現を使ってみたりしてもいいでしょう。

最初はたどたどしいやりとりしかできないかもしれませんが、1つのトピックに対していろいろな疑問文を使って質問し、答えるという一人二役の受け答えをできるだけ長く続けてみてください。このようなバーチャルな英会話を日頃から練習しておくことで、実際の英会話でも受け答えが楽にこなせるようになるはずです。

どこまで会話を続けられるかチャレンジ

バーチャル・パートナーとの質問と返答のキャッチボールは、できるだけ臨場感を持って、本物の会話のようにパフォーマンスしてみてください。本物の会話では予想外のことも起こります。たとえば、バーチャル・パートナーの声色を使ってつい声がかすれてきてしまったとします。聴き取りにくいなと思ったあなたはすかさずこう言うのです。

> Sorry? I couldn't hear it.
> 「ごめん、聞こえなかった」
> Would you say that again?

Would you repeat that?
「もう一度言ってください」

このような決まり文句を使って、実際に使うような合いの手を入れるようにすると、会話にリアリティが出てきます。また、

That's a good question.
「それはなかなかいい質問だね」

とか、あるいは、

That's difficult to answer.
「それは答えるのがむずかしいな」

などと、質問に答える前に、自分の感想や言い訳のひとことを入れてみましょう。こういった「プラスアルファ」を入れられるようになると、実際の会話でも間を埋めることができて余裕を持てるようになります。

§3 依頼と勧誘

疑問文をフル活用しよう

疑問文は質問だけではなく、相手に何かを頼んだり、勧めたりするときにも使います。ここでは、依頼や勧誘のときに使う疑問文とそれに関連した形を復習していきましょう。以下に挙げるフレーズを言ってから、実際に依頼したいことを言ってみましょう。

(1) Can/Will you do me a favor?
「お願いがあるんですが、いいですか」

(2) Can/Could I ask you a favor?
「お願いごとをしてもいいですか」

(3) I have a favor to ask.
「頼みたいことがあるのです」

(4) I'm sorry to bother you, but 〜.
「お邪魔して申し訳ありませんが、〜」

(5) Can I just interrupt you for a second?
「ちょっとだけお邪魔してもいいですか」

(6) Do you have a minute?
「ちょっと時間ありますか」

(7) Will/Would you 〜, please?
「〜していただけますか」

(8) Can/Could you 〜, please?
「〜していただけますか」

(9) May I ～?
「～してもいいですか」

(10) Could I ～?
「～してもよろしいですか」

(11) May I ask you (not) to ～?
「～して(しないで)もらっていいですか」

(12) Would you mind ～ing?
「～していただけませんか」

(13) Would you be so kind as to ～?
「～していただくなんてできそうでしょうか」

(14) Would you be able to ～?
「～していただけそうでしょうか」

(15) I'd like to ask you if you could ～.
「～していただけるかどうかお尋ねできればと思います」

(16) I wonder if you could ～.
「～していただけますでしょうか」

(17) I was wondering if you could ～.
「～していただけますでしょうか」

(18) Would it be possible for you to ～?
「～していただくことは可能でしょうか」

(19) Is there any chance you could ～?
「～していただくということは可能でしょうか」

(20) I would appreciate it if you could ～.
「～していただけるとうれしいんですが」

§4 ありがとう&ごめんなさい

人間関係に不可欠のフレーズ

朝昼晩のあいさつ同様、「ありがとう」と「ごめんなさい」は人間関係を良好に保つために不可欠のフレーズです。「ありがとう」はThank you.、「ごめんなさい」はI'm sorry.という定番のチャンクがありますが、ワンパターンになりがちです。ここでは、「ありがとう」「ごめんなさい」と、それに対する返答に使えるさまざまなチャンクをまとめておきます。すでに知っているものも含まれていると思いますが、何かしてもらってすかさず「ありがとう！」と言えるように、またとっさに「ごめんなさい！」と言えるように、いろいろなシチュエーションを想定しながら、口慣らしをしておきましょう。

ありがとう！

(1) Thanks.
「ありがとう」
(2) Many thanks.
「どうもありがとう」
(3) Thanks a lot.
「どうもありがとう」
(4) Thanks a million.
「どうもありがとう」

(5) Thank you for everything.
「いろいろありがとうございます」

(6) Thank you for saying so.
「そう言っていただいてありがとうございます」

(7) Thank you for sending it to me.
「それを送っていただきありがとうございます」

(8) Thank you for what you've done.
「ご親切にありがとうございます」

(9) I cannot thank you enough.
「本当にありがとうございます」

(10) I cannot say thank you enough.
「本当にありがとうございます」

(11) I appreciate it.
「感謝しております」

(12) I'm really grateful for 〜.
「〜に本当に感謝しております」

(13) I'm so thankful for 〜.
「〜に本当に感謝しております」

(14) I would like to express my gratitude to you for 〜.
「〜につき感謝の意を示したく存じます」

第5章 バーチャル・パートナーと英会話

どういたしまして

(1) You are welcome.
「どういたしまして」

(2) It's all right.
「だいじょうぶですよ」

(3) It's OK.
「だいじょうぶです」

(4) Sure.
「もちろんです」

(5) Anytime.
「いつでもどうぞ」

(6) Not at all.
「全く問題ありません」

(7) No problem.
「問題ありません」

(8) My pleasure.
「喜んで」

(9) Don't mention it.
「それほどのことではありません」

(10) Don't worry about it.
「ご心配には及びません」

ごめんなさい！

(1) (I'm) sorry for/about ～.
「～に関してはすみません」

(2) I'm terribly sorry.
「本当にすみません」

(3) I must say I'm sorry.
「あやまらなくてはなりません」

(4) I apologize (to you) for ～.
「～について陳謝いたします」

(5) (Please accept) my apologies for ～.
「～について陳謝いたします」

(6) I would like to apologize for ～.
「～について陳謝いたしたいと思います」

(7) I must apologize for ～.
「～について陳謝しなければなりません」

(8) I'm afraid I owe you an apology.
「謝罪しなければならないと思います」

(9) (Please) excuse me for ～.
「～についてお許しください」

(10) (Please) excuse my ～.
「私の～についてお許しください」

(11) I beg your pardon for ～.
「～についてお許しください」

(12) I hope you can forgive me.
「お許しいただければと思います」

(13) That's my fault.
「それは私の責任です」

(14) I shouldn't have said [done] that.
「そんなことを言う[す]べきではありませんでした」

(15) I cannot say how sorry I am.
「お詫びのしようもございません」

(16) Please forgive me.
「お許しください」

(17) (I promise) it won't happen again.
「二度とやりません」

(18) I won't let it happen again.
「同じ過ちはいたしません」

(19) I'll be more careful next time.
「次回はもっと気をつけます」

(20) Let me make it up to you.
「お詫びをさせていただけますか」

「ごめんなさい」を受け入れる返答

(1) That's OK.
「それはいいよ」

(2) Never mind.
「気にしないで」

(3) Don't apologize.
「謝るほどのことじゃないよ」

§4　ありがとう＆ごめんなさい

(4) It doesn't matter.
「問題ないよ」
(5) It's OK. It couldn't be helped.
「だいじょうぶ。それは仕方がなかったんだから」

　決まり文句を覚えるには、何度も使うのが早道です。いろんな状況を想像しながら、その場に合った表現を気持ちを込めて声に出して言ってみてください。

I apologize (to you) for 〜

I cannot say how sorry I am.

第5章 バーチャル・パートナーと英会話

第5週目の課題

これから1週間、以下のことを毎日、実践してみましょう。

バーチャル・パートナーを相手に、疑問文の練習をしてみましょう。また、バーチャル・パートナーになったつもりで、その疑問文に答えてみましょう。慣れてきたら、今度はバーチャル・パートナーになったつもりで、自分に質問してみましょう。最初はそれぞれに関連性のない質問でかまわないので、最低10以上質問するようにしましょう。

第6章

英語で実況中継する

§1 基本はリピーティング

学ぶは「まねぶ」から

「学ぶ」ということばが「まねぶ」（まねる）から来ていることはご存じでしょうか。英語を身につけるには、ネイティブ・スピーカーが言った英語をまねすることが出発点であり、それが英語力の土台をつくります。

第1章でもお話ししましたが、今は日本に住んでいてもいろんな英語に接することができます。まずはテレビ・ラジオから聞こえてくる短いフレーズ、たとえばキャッチコピーや製品名などをリピートしてみましょう。洋画や海外のドキュメンタリー番組は英語音声で聞いてみましょう。英語らしいイントネーションやリエゾン（音と音がつながること）に感覚的に慣れていくことが目的なので、長いセリフでも、聞き取れたところだけリピートすればいいのです。

もちろん英会話教材についているCDでもOK。語学学習向けの機能がついているICレコーダーに録音すれば、再生速度を落として聞くことができます。リピートできる部分が多くなってきたら、通訳訓練の1つであるシャドウイング（聞こえてきた英文をワンテンポ後に繰り返す）にも挑戦してみましょう。

テレビコマーシャル

英会話学校や英会話教材のCMには、当然といえば当然ですが、英語で会話をしている場面が使われていますね。せっかくですから

§1 基本はリピーティング

教材として活用させていただきましょう。

まずは簡単なD社のCMから。最後のTamagoはもちろん間違いですが、ちゃんとした英語のイントネーションになっています。

생徒: トマトは？
先生: Tomato.
生徒: ジャガイモは？
先生: Potato.
生徒: たまごは？
先生: Tamago.
生徒: エッグだろ？

次はかわいい子どもたちに"英語耳"が生えてくるY社のCM。

先生: Are you ready?
生徒: No, not yet!
先生: Are you ready?
生徒: Yes, I'm ready!

次は女性タレントが生徒の自宅をサプライズ訪問し、英語で質問するE社のCM。

タレント: Hello. Hi. What's your dream?
生徒: I want to be a chef of a Chinese restaurant in the future.
「将来は中華料理店のシェフになりたいです」

> タレント: OK. So, you have to cook for me.
> 「了解。じゃあ、私にも料理を作ってもらわなきゃ」
> 生徒: Of course!「もちろん!」

「森の熊さん」の軽快なメロディーをバックに森の中で熊と男の子が会話するC社のCM。

> 熊: Hello, there. Where is the yummy honey?
> 「やあ、君たち。おいしい蜂蜜はどこにあるの?」
> 男の子: I know a special place. Let's go.
> 「特別な場所を知っているよ。行こうよ」
> 熊: Wow, that's great!
> 「うわ、それってすてきだね!」

若手人気女優が空港で歩きながらしゃべるA社のCM。

> Traveling abroad is way more fun since I can talk with people on my own. It's great! Don't you think?
> 「海外旅行するのがすごく楽しい。というのも、自分で会話ができるから。すばらしいこと。そう思いませんか」

最後はサッカー選手が「まだ英語はうまくないけど」と言いながら子どもたちに向かって夢を語るB社のCM。「ヘタでもとにかく英語を話す。話すことでうまくなっていく」という、この本で伝えたいことと重なります。

§1 基本はリピーティング

I'm Keisuke Honda. My goal is to be the world No. 1 soccer player. As you can hear, my English isn't that great yet. But I'm not worried. When I first started playing soccer, I wasn't very good either. I know that. All I need is to work harder.
「本田圭佑です。僕のゴール(目標)は世界一のサッカー選手になること。お聞きのように、英語はまださほどうまくありません。でも、不安はありません。サッカーを始めたばかりのときも、あまり上手ではなかったから。僕にはわかる。僕がやるべきなのはひたむきに練習することだけなんです」

テレビCMだけでもこれだけの英語が流れています。せっかくですから、ぜひまねして、身につけてしまいましょう。

電車・新幹線のアナウンス

都会では電車の車内アナウンスがマルチリンガルになっています。電車の中では声を出してリピートできないかもしれませんが、心の中でリピートしてみましょう。

This is a Yamanote Line train bound for Shinagawa.
「山手線品川行きです」

The next stop is Yoyogi.
「次は代々木です」

第6章 英語で実況中継する

The doors on the right side will open.
「右側のドアが開きます」

Please change here for the Seibu Shinjuku Line.
「西武新宿線へはこの駅でお乗り換えください」

Welcome aboard the Tokaido Shinkansen.
「東海道新幹線をご利用いただき、ありがとうございます」

We wish you a pleasant journey.
「快適な旅をお祈りいたします」

Thank you for traveling with us and we look forward to serving you again.
「本日は新幹線をご利用いただき、ありがとうございました。またのご利用をお待ちしております」

空港でのアナウンス

Attention, passengers.
「乗客の皆様にお知らせいたします」

This is the pre-boarding announcement for Delta Airline Flight 677 to San Francisco.
「デルタ航空サンフランシスコ行き677便の優先搭乗案内です」

§1 基本はリピーティング

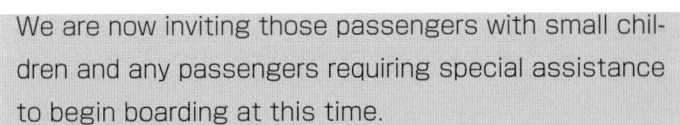

> We are now inviting those passengers with small children and any passengers requiring special assistance to begin boarding at this time.
> 「ただいま、小さなお子様連れのお客様、お手伝いの必要なお客様のご搭乗をご案内しております」
>
> Please have your boarding pass and identification ready.
> 「搭乗券と身分証明書をご準備ください」
>
> Regular boarding will begin in approximately ten minutes.
> 「一般の方のご搭乗はあと10分ほどで開始いたします」
>
> The flight has been delayed [cancelled] due to bad weather.
> 「天候不良のため、当便は出発が遅れております［欠航となりました］」

　このように決まりきったアナウンスとして流れている英語だけでも相当の量があります。それらをコツコツとまねていくだけで、1年でかなりの練習量になるはずです。ぜひ「まねぶ」の姿勢で、どんどん身につけていってください。

§2 英語で実況しよう

身近なことから

日本語ではおなじみのものでも英語にできないものがたくさんあるということは第3章で見ました。まずはそういった単語を英語で言えるようにすることが、自分の行動、自分が見聞きすること、自分の身のまわりで起きていることを英語で実況中継するための大前提です。

身近なものが英語で言えるようになったら、次にその単語を使った〈動詞＋目的語〉のチャンクを言えるようにしましょう。たとえば、「ゴミを捨てる」「布団をたたむ」あるいは「ベッドを整える」を英語で言えるでしょうか。それぞれ、

> throw away the garbage
> fold up one's futon
> make one's bed

と言います。これに主語のI...をつけて、

> I throw away the garbage.
> I fold up my futon.
> I make my bed.

と、完全な文にして言ってみます。

こういった動詞は和英辞典で「捨てる」「たたむ」「整える」を引いてもいいですが、「ゴミ」「布団」「ベッド」などを引いたほうが効

率よく見つけられると思います。自分が日々やっている身近な行動をあらわす動詞は、思いついたらすぐに調べて関連する名詞とともに覚えるようにしましょう。

現在進行形を使う

身のまわりのものの名前、日常の動作が英語で言えるようになったら、まずはそういったものを触ったりつかんだりしながら、

> I'm touching ...
> I'm grabbing ...
> I'm holding ...

というように動作を実況中継してみましょう。

ゴミを捨てるときも、

> I'm throwing away the garbage.

布団をたたんでいるときも、

> I'm folding up my futon.

ベッドの方は、

> I'm making my bed.

と動作をしながら、口に出して言ってみましょう。自分の行動の実況中継です。

「実況中継」と言うとテレビのスポーツ中継のような、早口でまくし立てる言い方を想像するかもしれませんが、決してそうではあり

第6章 英語で実況中継する

ません。自分の知っている表現を増やすために、1つ1つの行動を確認しながら描写するようなイメージです。ですから、あくまでも自分のテンポで言えばいいのです。

自分の行動を、その行為の真っ最中に実況するときは、第3章の§2でやったように現在進行形を使いますが、今度はその行動を始める少し前から実況を始めてみましょう。

「ゴミを捨てる」であれば、まだゴミ袋を手にしていない段階から、

　　I'm going to throw away the garbage.

「布団をたたむ」なら、まだ布団が敷いてある段階から、

　　I'm going to fold up my futon.

のように言ってみます。

次にその行為が終わった直後に実況してみましょう。今度は「たった今終わった」というニュアンスをあらわすために、現在完了形を使います。

　　I have just thrown away the garbage.
　　I have just folded up my futon.
　　I have just made my bed.

自分の気持ちや状況を入れる

自分の行動を中継しながら言えるようになったら、今度は自分の気持ちやその場の状況なども加えてみましょう。気持ちや状況をあらわす形容詞は第3章で見てきました。

I'm jogging now. I feel so fine today. But it's a bit chilly.
「私はジョギングをしている。今日は調子が良い。でも、ちょっと肌寒い」

などと、自分の行動だけでなく、形容詞を使って状況や気持ちについても言ってみましょう。1つの行動に関して、実際の行動、それに対する自分の気持ちや周りの状況など、少しずつ肉付けしていくと、だんだん実況中継らしくなります。

ほかの人の様子を実況中継する

自分の行動を実況中継できるようになったら、次はほかの人のことも実況中継してみましょう。ただし、1人の人をじっと見ていると相手も気になるでしょうし、人によっては憤慨するかもしれません。ですから、少し離れたところにいる人や、周りの複数の人々を対象にして実況中継するようにしましょう。

A few people are walking in the street.
「数名の人が通りを歩いている」

Three people are waiting for the traffic light to change.
「3人の人が信号が変わるのを待っている」

などと広く描写するといいでしょう。
この場合も、自分の気持ちや状況を入れることで、肉付けしていくことができます。たとえば、

第6章　英語で実況中継する

A few people are walking in the street. They walk fast.
「数名の人が通りを歩いている。彼らは歩くのが速い」

Three people are waiting for the traffic light to change. I find no cars. I want to cross the street before it changes.
「3人の人が信号待ちしている。車は見あたらない。私は信号が変わる前に渡りたい」

など、言えることをどんどん英語にしていきましょう。

外国人観光客に声を掛けてみよう

　最近、外国人観光客が激増して、町でも外国人を目にすることが珍しくなくなってきました。日本に仕事で来たビジネスパーソンだと忙しいでしょうが、観光で来た方なら時間に余裕があるかもしれません。

　本書はセルフトークで英語を話せるようになろうという本ですが、英会話はあくまでも会話ですから、最終的には「相手と話してナンボ」です。ことばはコミュニケーションの道具であり、「知らない人といきなりその場で話すこと」は最高の訓練になります。

　そこで、いかにも困っているような外国人観光客を見かけたら、思い切って声を掛けてみましょう。これまでのセルフトークの成果を試してみてください。道がわからなくて困っている人、あるいは、切符の買い方がわからなくて途方に暮れている人などを見かけたら、勇気を出して、

Can I help you?
「手を貸しましょうか」

と声を掛けてみましょう。

　最初は相手の言っていることがわからないかもしれませんが、ここまで課題をこなしてきたあなたなら、落ちついて、

Where do you want to go?
「どこに行きたいのですか？」

などと聞けるはずです。

　もし自分だけで対応できないような場合でも、すぐにあきらめずに近くの日本人に助けを求めて、できるだけ解決に向かうように努力してください。

　これは、英語力の問題ではなく、むしろ大事なのは英語を超えたコミュニケーション能力です。「外国人だから」「英語がしゃべれないから」と尻込みせずに、片言であってもぜひ声を掛けてみてください。正しい文で言えなかったり、通じなくてお互いに困ったり、間違った単語を使って笑われたり、そんなことも大切なコミュニケーションの訓練になります。そこを乗り越えようという勇気を持てるかどうかで、英語力の延びもぐんと違ってくるのです。

第6週目の課題

これから1週間、以下のことを毎日、実践してみましょう。

1

会社や学校の行き帰りに、自分の行動を実況中継してみましょう。自分の目に見えている光景やそれについて感じることをできる範囲で加えてみましょう。時制や三単現のsなどは気にしないで、まずは主語と動詞がそろっていて、意味が通っていればOKです。これを毎日20分以上行なってください。まとまった時間がとれなくても、細切れ時間の合計が20分以上になればOKです。

2

人をあまりじろじろ見ないで観察できる場、駅の反対のホームや外が見渡せるカフェなどで他人の行動を実況中継してみましょう。

3

旅行者風の外国人を見かけたら、何でもいいので声を掛けてみましょう。まずはHi, where are you from? だけでもいいですし、困った様子であれば、Can I help you? と声を掛けてみましょう。

第7章

おもてなし英語で「ようこそ」を伝えよう

第7章 おもてなし英語で「ようこそ」を伝えよう

§1 おもてなし英語は道案内から

おもてなし英話とは？

日本は「観光立国」を目指して、外国人旅行者数を倍増させようと努力しています。2013年に訪日外国人が1000万人を突破して、現在は激増中です。安倍政権でも観光は経済成長の重要な柱の1つだとされています。東京オリンピック・パラリンピックが開催される2020年までに2000万人、2030年までに3000万人という目標を掲げています。

日本に来る外国人は英語圏の人たちばかりではありませんが、非英語圏から来た人たちとコミュニケーションをとるのに共通語として使えるのはやはり英語です。これまで求められてきたのは「海外旅行に行ったときのための英会話」でしたが、これからは海外旅行に行かない人でも「外国人旅行者を迎えるための英会話」が必要になってきます。

外国でことばが通じるというのは安心感につながります。「安心」を提供できるのは「おもてなし」の1つ。「お・も・て・な・し」をアピールしてオリンピックを誘致したからには、しっかりJapanese hospitalityでお迎えしようではありませんか！

なぜ「おもてなし英語」なのか？

なぜ本書で「おもてなし英語」をお勧めするかと言えば、1つには、これができると、日本にいて英語を話すチャンスが増えるから

です。先に述べたように、日本にはたくさんの外国人観光客が来ていますし、その中には日本人とコミュニケーションをとりたい人たちがたくさんいます。「おもてなし英語」ができればそういった人たちとスムーズに会話を進めることができます。

もう1つの理由は、「おもてなし英語」には英会話のエッセンスの多くが盛りこまれているからです。知らせること、説明すること、気遣うことなど、コミュニケーションの働きとしてはもちろん、あいさつ、丁寧さ、親しさ、日時や場所の告知、日常生活、イベント、日英語の違い、文化的な差異など、英会話の重要な要素がこれ以上ないほどふんだんに含まれています。

もちろん、最初から外国人を相手にするのは機会も見つけにくいし、ハードルも高いという方が多いでしょう。そんな方は、バーチャル・パートナーを相手にじっくり取り組んでください。

声を掛ける

では、さっそくおもてなし英語に挑戦しましょう。通勤でも買い物でも散歩でも、街を歩いているときに外国人旅行者に道を尋ねられたと想定して、セルフトークにトライしてみましょう。さあ、向こうから地図を片手に困った様子の外国人が歩いてきました。こちらから声を掛けてみましょう。

Hi, can I help you?
「こんにちは、お手伝いしましょうか」

Hi, you look like you are lost.
「こんにちは。道に迷っていらっしゃるようですね」

といった言い方ができますね。

道案内をするには、相手がどこに行きたいのかが聞き取れなければ話になりません。道を尋ねる言い方もセルフトークで練習しておくと、自分が聞かれたときに理解しやすくなります。

道を教えてもらう場合の「教える」は teach ではなく tell を使って、

Would/Could/Can you tell me the way to 〜?
「〜への行き方を教えていただけますか」

と聞きます。the way to 〜は how to get to 〜と言い換えることもできます。「行く」という日本語につられて go を使わないようにしましょう。

Do you know 〜?（〜を知っていますか）と聞いたり、Where is 〜?（〜はどこですか）という聞き方もできますね。疑問文ではなく、I'm looking for 〜.（〜を探しているんです）、I need to go to 〜.（〜に行く必要があるんです）と言う場合もあります。

「まっすぐ進んでください」

道案内の基本表現の1つが go straight（まっすぐ進む）です。実際には Go straight ahead. とか Go straight on. というように ahead や on をつけて言うことが多いようです。ちなみに、この熟語には「人生をまっすぐに進む」、すなわち「(犯罪者などが) 更正する」という意味もあります。

「この道路を」という意味を付け加えたいのであれば、

Go (straight) down this road.
Go (straight) along this street.

とします。この場合は道がまっすぐであれば、straight は言わなくても通じるので省略してもいいでしょう。道が曲がっている場合は straight を抜かせば「道なりに」の意味をあらわせます。

go down の down は、今いる場所から離れていくというニュアンスなので下り坂でなくても使いますが、明らかに上り坂の場合は go up となります。

どこまで進めばいいのかを伝えるときは、

until you come to a bookstore
「本屋のところまで」
until you see a sign board
「案内板が見えるまで」

と until 〜を使います。until のあとには名詞を続けることもできます。「〜を過ぎるまで」というときは、go past ＋名詞という言い方ができます。これは直訳すると「〜を過ぎて進む」という意味です。

進む距離を具体的に言ってもいいでしょう。

Go about 100 meters and turn left.
「100 メートルぐらい行ってから左に曲がってください」

Go two blocks to 〜.
「〜まで2ブロック進んでください」

といった具合です。英語を勉強していると、英語では長さを mile や yard や foot や inch であらわさなければいけないような気になりま

すが、日常的にヤード法を使っているのはアメリカだけなので、無理やり 100 メートルを 328 フィートなどと換算しなくても大丈夫です。block は四方を道路に囲まれた区画のことで、距離はその街によって異なります。

「右 / 左に曲がってください」

では曲がってもらう指示です。「右 [左] に曲がる」は、

Turn right [left].
「右 [左] へ曲がってください」

ですね。ただし、すでに四つ角とか T 字路の手前にいる場合は、turn ではなく、go を使って、

Go right [left].
「右 [左] へ行ってください」

とも言えます。turn を名詞として使った、

Take a right [left] turn.
「右 [左] に曲がってください」

という言い方もあります。この表現の turn を省略して、

Take a right [left].

という言い方もできます。

道を曲がる指示で重要なのがどこで曲がるのかという点です。基本は地点をあらわす前置詞 at を使って言うことが多いですが、「橋

を渡り切ったら」とか「〜まで来たら」という言い方もあります。「橋を渡り切ったら」は「橋を渡ったあとで」ですから、

　　after you cross the bridge

「○○通りとの交差点まで来たら」は「〜まで来たとき」と考えて、

　　when you come to the intersection with ○○ Street

となります。

　では、右か左に直角に曲がれる丁字路や交差点ではなく、三叉路になっている場合はどう言えばいいでしょう？「三叉路」は three-forked road とか three-forked junction と言います。fork は食べるときに使うフォークと同じ単語です。3つに分かれた道路の1本1本は、road を使ってもいいですが、fork と言うこともできます。「三叉路の右の道を行ってください」であれば、ここで take を使って、

　　Take the road on the right.
　　Take the right fork of the three-forked road.

となります。「左の道」は the road on the left ですが、「真ん中の道」は the road in the middle と前置詞が in になります。

位置のあらわし方

　目的地までの道順の言い方に加えて、道案内で必要となるのが位置のあらわし方です。京都のように道路が東西南北にちゃんと走っている地域なら、

It's on the south of that park.
「それはその公園の南にあります」

You'll find it just north of the fire station.
「消防署のちょうど北に見えます」

などと方角で説明してもいいのですが、世の中「地図が読める男脳」の持ち主ばかりではありません。「〜の右/左」「〜の隣」「〜の向かい」など、何かを基準にした位置の伝え方を覚えておきましょう。

「〜の右 [左] にあります」は、

It's on the right [left] of 〜.

です。the を your に代えて、

It's on your right [left].
「あなたの右 [左] にあります」

という言い方もできます。単に「〜の隣にあります」は、

It's next to 〜.

です。right next to 〜と、next の前に right を入れると「すぐ隣に」というニュアンスになります。

次は「〜の正面に」と「〜の向かいに」の言い方です。「〜の正面にあります」は、

It's in front of 〜.

で、「〜の向かいにあります」は、

It's across from ～.

となります。across の後ろに the street や the river などが挟まれることもあります。

　位置をあらわすそのほかの言い方としては、

　　It's behind ～.
　　「～の後ろにあります」

　　It's inside ～.
　　「～の内側にあります」

　　It's between A and B.
　　「AとBの間にあります」

　　It's opposite (of ～).
　　「(～の) 反対側にあります」

　　It's on the corner (of ～).
　　「(～の) 角にあります」
　　(角の内側にある場合は It's in the corner (of ～).)

　　It's at the foot of ～.
　　「〈山〉のふもとに/〈橋〉のたもとにあります」

あたりも覚えておきたいところです。opposite of の of がない場合は、opposite が前置詞として使われています。

第7章 おもてなし英語で「ようこそ」を伝えよう

道案内に使えるその他の表現

相手が地図を持っていれば、地図を見ながら説明することになります。まずは地図上で現在地を指で示しながら、

We [You] are (right) here.
「私たち [あなた] は (ちょうど) ここにいます」

と言います。自分も同じ場所にいるので We are ～ とも言えますが、案内板などに書かれている「現在地」という表示は You are here. となっています。right は「ちょうど」「まさに」という感じで here を強調する副詞なので入れなくてもかまいません。

目印となる建物などを指さしながら「ほら、あのビルが見えますか」と聞くときは、

Do you see that building?

と言います。Can you see ～? は、もやがかかっているとか、手前のビルに隠れているとかで見えにくいという状況がある場合に使います。

地図を描いて説明したほうが早いなと思ったら、

Shall I draw you a map?
「地図を描いてあげましょうか」
Let me draw you a map.
「地図を描かせてください」

と言って描いてあげましょう。

Let me write it down in Japanese.
「日本語で書きましょう」

と言って、ビルや駅の名前を日本語で書いてあげてもいいですね。
　次に交通機関を使う場合の言い方も覚えておきましょう。「電車［地下鉄／バス／タクシー］に乗る」は、

take a train [subway/bus/taxi]

です。この take は「利用する」という意味の「乗る」であり、「乗りこむ」という意味での「乗る」は、

get on [ride] a train

となります。「中央線高尾行きの電車」などと路線名と行き先を加えて言う場合は、

a Chuo Line train (bound) for Takao

のように言います。「新宿で高尾行きの中央線に乗り換える」は、

change/transfer at Shinjuku to a Chuo Line train (bound) for Takao

です。単に「電車を乗り換える」と言うときは、

change trains

と電車を複数形にします。
　聞かれた場所がわからない場合もあるでしょう。そんなときは、いさぎよく謝るしかありません。

I'm sorry I can be of no help [I can't be of any help].
「お役に立てなくてごめんなさい」

Sorry, I'm afraid I can't help you.
「ごめんなさい。残念ながらお役に立てません」

といった表現を覚えておくとよいでしょう。

最後は、

Have a good day!
「よい日を」

とか、

Take care!
「お気をつけて」

と言って見送りましょう。

Have a good day!

§2 旅行者とスモールトーク

あなたも外交官

どんな形であれ、外国人と接する人は民間外交官としての役割を果たしていると言っていいと思います。短期間しか滞在しない旅行者であればなおさら、その国で出会った人との思い出がその国の印象を決めることになるでしょう。

だからと言って「完璧な英語をしゃべらなければ！」と気負う必要もないですし、過剰なおもてなしをする必要もありません。道を聞かれた人でも、偶然電車で隣り合った人でも、外国から来た旅人とほんのひとことふたこと楽しい会話を交わし、心のこもった歓迎のことばや気遣いのことばを贈ることができたら、素晴らしい民間外交を実践したことになります。

では、通勤電車の中で隣に座った人が外国人旅行者だと思って、脳内セルフトークをしてみましょう。

もしこちらから声を掛けるとすれば、何と言ったらいいでしょう？「ちょっとお話ししてもいいですか」あたりが無難ではないでしょうか。

Can I talk to you for a second?

ですね。for a second は文字どおりの意味は「1秒間」ですが、「ちょっとだけ」という意味です。

次に「ご旅行ですか」と聞いてみましょう。これは「あなたは旅行者ですか」ということですので、

> Are you a tourist?

でいいですね。a traveler でもいいですが、traveler は、もう少し長い、気軽な観光旅行とはちょっと違うニュアンスがあるようです。旅行者だとわかったら、

> What country are you from?
> 「どちらからいらっしゃいましたか」

> Is this your first visit to Japan?
> 「日本は初めてですか」

> Did you go anywhere else in Japan?
> 「ほかにどこか行かれましたか」

といった質問をしてもいいでしょう。最後に、

> It's good talking to you today. Thank you.
> 「今日はお話しできてよかったです。ありがとう」

といったお礼のことばを言うか、

> Have a nice trip!
> 「よい旅になりますように！」

などと言って見送りましょう。

もしもあこがれの選手に会ったら

2020年、オリンピックが東京にやってきます。オリンピック本番

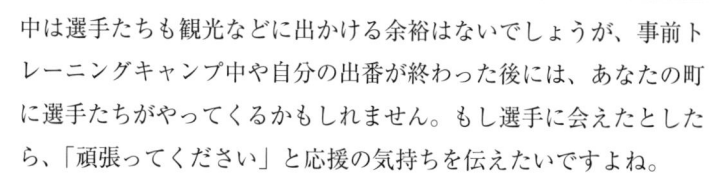

中は選手たちも観光などに出かける余裕はないでしょうが、事前トレーニングキャンプ中や自分の出番が終わった後には、あなたの町に選手たちがやってくるかもしれません。もし選手に会えたとしたら、「頑張ってください」と応援の気持ちを伝えたいですよね。

もちろん会えるとは限りませんし、セルフトークでは会う必要もありません。頭の中のあこがれの選手に対して、実際に声を出してどんどん話し掛けましょう。

声を掛ける

では、具体的にどんなことを言ったらいいかを見ていきます。
シンプルに、

> I'm your fan.
> 「あなたのファンです」

でもいいですが、「大ファンです！」と言いたいときは、

> I'm a big fan of yours!
> 「あなたの大ファンです」

と、yours（あなたのファンたち）の中の a big fan（大ファンの１人）という言い方をします。

そのあとには、その選手の活躍を称えるようなことばを添えてみましょう。

> I saw your game on TV. That was a great game!
> 「テレビであなたの試合を見ました。すばらしい試合でした」

第7章 おもてなし英語で「ようこそ」を伝えよう

Congratulations on winning yesterday's game.
「昨日の試合の勝利、おめでとうございます」

I enjoyed watching your performance.
「あなたの演技を楽しく拝見しました」

といった表現を使うことができます。

写真・サインをお願いする

あこがれの選手に出会ったら、せっかくだからサインをお願いして、一緒に写真も撮らせてもらいたいですよね。そんなときに使えるのが以下のような表現です。

May I take a picture [some pictures] of you?
「写真1枚[数枚]撮らせていただけますか」

Can I have my picture taken with you?
「一緒の写真を撮らせていただけますか」

Can I take a selfie with you?
「あなたと一緒に自撮り写真を撮ってもいいですか」

May I have your autograph?
「サインをいただけますか」

signature は契約書等に署名をするといった場合の「サイン」で、有名人にサインをもらうというときの「サイン」は autograph を使います。

Thank you so much! This will be my treasure!
「ありがとうございます！ これは私の宝物です！」

「がんばれ」と言う

「がんばれ」をそのままあらわす英語表現はないので、その場その場に合った表現で「がんばれ」を伝えましょう。

Good luck!
「幸運をお祈りします」

Good luck with your next game!
「次の試合の幸運を祈っています」

I'll keep [have] my fingers crossed.
「幸運をお祈りしています」

Take it [things] easy!
「気楽にいこう！」

Hang in there!
「めげないで！」

Keep it up!
「どんどんいこう！」

Go for it!
「当たって砕けろだ！」

keep one's fingers crossed は直訳すると「指を交差させたままに

する」です。指を交差する (cross one's fingers) は、人差し指をまっすぐ立て、隣の中指を交差させることで、幸運を祈ることを示すしぐさです。

「応援する」を意味する動詞の cheer を使ってもいいでしょう。

I'll be cheering for you tomorrow.
「明日、あなたのことを応援しています」

別れ際のひとこと

別れ際には、次のようなことばで相手を見送りましょう。

Have a nice day!
「いい日になりますように!」

Good luck and enjoy your trip!
「無事目的にたどり着けますように。楽しい旅を!」

Enjoy your stay in Japan!
「日本での滞在を楽しんでください!」

「ヘタでも間違っても、とにかく話そう」という精神のセルフトークですが、あこがれの人の前ではやはりちょっとはカッコつけたいもの。であれば、こういった表現は、ふだんからその人に会ったつもりで何度も練習しておきましょう。

§3 地元を案内する

知っているようで知らない地元

　インターネットで簡単に海外の情報が入手できるようになり、定番の観光地だけでなく、自分の関心のある場所に行ってみたいと考える旅行者が多くなっています。また、あまりガチガチにスケジュールを決めずに、現地に着いてから面白そうな場所を探すというスタイルの旅行も増えているようです。

　自分の住んでいる地域に外国人観光客がやってきて、ひょんなことからガイドを頼まれるかもしれません（有料でガイドを行なうには通訳案内士の資格が必要ですが、ボランティアであれば資格は必要ありません）。そんなシチュエーションを想定して、地元の名所を案内できるようにセルフトークで練習しておきましょう。

　子どもの頃から同じ地域に住んでいる方なら、自分が住んでいる地域の地理や歴史を学校で勉強したことがあるかもしれませんが、大人になってから移り住んだ地域だと、あそこにこんな観光スポットがあるとか、○○の名産地だということをなんとなく知っているだけではないでしょうか。それを知らない人に紹介するのは、日本語であっても結構むずかしいものです。

　なぜむずかしいのかというと、きちんと自分の知識になっていないからです。人に説明できるようになるには、まずきちんとした知識を仕入れることが欠かせません。どんな自治体にも観光関係の部署があり、観光パンフレットや観光客向けのウェブサイトをつくっています。自治体によっては多言語でパンフレットやウェブサイト

第7章 おもてなし英語で「ようこそ」を伝えよう

をつくっているところもあります。それらの英文は、固有名詞の訳し方や説明の仕方の参考として使えますが、お役所が書いたものを丸暗記するのではなく、知識として知った上で自分のことばで説明することを目指しましょう。

お勧めを聞かれたら

では、あなたの地元にやってきた外国人が聞いてきました。

Is there any good place to visit near here?
「この近くにどこか訪れるのにいい場所はありますか」

さて、何と答えたらいいでしょう？ good place と言われても、人によって good の基準が違いますから、相手が何に興味があるのかを聞いたほうがいいですね。

What kind of things are you interested in seeing or doing?
「どんなものが見たい / どんなことがやりたいと思っているのですか」

といった質問をしてみましょう。

I'm interested in Japanese history.
「日本史に関心があります」

I'd like to visit some historical places.
「史跡を訪ねたいです」

§3 地元を案内する

と言われたら神社やお城などの歴史的なスポットを紹介してあげましょう。

I'd like to go somewhere I can enjoy nature.
「自然が楽しめるところに行きたいです」

I'd like to visit a scenic place.
「景色の良い場所に行きたいです」

と言われたら山・川・湖・海などの自然を楽しむスポットを紹介してあげましょう。

歴史的なスポット

日本の歴史にふれられるスポットとしては、「神社」「お寺」「城郭」「城跡」「城下町」「霊廟」「五重塔」「古戦場」などがあります。全部、英語で言えますか？

「神社」＝a Shinto shrine
「お寺」＝a Buddhist temple
「城郭」＝a castle
「城跡／○○城跡」＝castle ruins/ruins of ○○ Castle
（ruins と複数形にします）
「城下町」＝a castle town
「霊廟」＝a mausoleum （偉い人の立派なお墓のこと。ただのお墓は a tomb です）

第7章 おもてなし英語で「ようこそ」を伝えよう

「五重塔」=a five-story pagoda
「古戦場」=an ancient battlefield

これ以外にも、あなたの地域にある歴史的スポットを調べてみてください。

そのスポットが単に有名だ、観光名所だというだけではなく、どうして有名なのか、どこが見どころなのかも説明したいですね。「それは～で有名です／～で知られています」は、

It is famous/known for its ～.

を使います。its は「そのスポットが持っている～」という意味ですので、もし主語が複数形なら their となります。

神社や霊廟などで「○○には～が祀られています」というときは、

○○ enshrines ～.
○○ is dedicated to ～.

という表現を使います。

神社には、日本人でもまともに読めないような漢字だらけの名前の神様が祀られています。こういう神様の名前は必ずしも言う必要はありません。Sun Goddess（太陽の女神）、Goddess of Harvest（豊穣の女神）、God of Wind（風神）、God of Thunder and Lightening（雷神）など、何の神様かがわかればいいのです。

なお、英語の God は本来、唯一無二である一神教の「神」を指しているので、日本の八百万の神々やギリシャ神話の神々の場合は deity (deities) や小文字の god(s) を使うべきだと言う人もいますが、god(s) は一般名詞としての「神様」のことなので、それほど気にし

なくてもいいでしょう。

神社やお寺でのマナー

結婚式は神式でお葬式は仏式、クリスマスもイースターもイベントとして楽しむという、宗教に関しては非常に寛容な日本ですが、やはり神社やお寺といった宗教施設では本来のお参りの仕方を知っていただいたほうがいいですね。

日本人でも「正しい参拝の作法」を知らない人は多いのではないでしょうか。鳥居のくぐり方から参道の歩き方、手水舎での手や口の清め方、参拝のときの「二拝二拍手一拝」と呼ばれる作法など、個々の動作の意味も含めて説明できるようにおさらいしておきましょう。

神社やお寺には、日本人から見れば、そこにあるのが当たり前すぎて、どういう意味があるのかなんて考えたこともないようなもの、たとえば、狛犬とか注連縄とか紙垂（白い和紙でできた稲妻のような形の飾り物）など、外国人から見ると「ナニコレ!?」というものがたくさんあります。ちょっと外国人目線になって、そういった日本文化を学びなおしてみるのもおもしろいと思います。

自然を楽しむスポット

「山」「川」「湖」は a mountain、a river、a lake ですが、固有名詞の一部として使うときは、Mt. ○○（○○山）、○○ River（○○川）、Lake ○○（○○湖）となります。自然を楽しむスポットには、そのほかに以下のようなものがあります。

第7章　おもてなし英語で「ようこそ」を伝えよう

> 「渓谷」＝a valley（ほかにも地域によっていろいろな呼び方をしています）
> 「滝」＝a waterfall
> 「砂丘」＝a dune/sandhill
> 「干潟」＝a tidal flat
> 「高原」＝a plateau/highlands
> 「入り江・湾」＝a bay
> 「温泉（地）」＝a hot spring (resort)
> 「国立公園」＝a national park

その場所のどんなところが魅力なのかも付け加えましょう。

You can enjoy a magnificent panoramic view from 〜.
「〜からパノラマのような壮大な景色が楽しめます」

You can enjoy a refreshing walk along the beach.
「気持ちのいい浜辺沿いの散歩を楽しめます」

The soft hot spring water will make you relax.
「やわらかな温泉水でリラックスできるでしょう」

といった地元の自然をアピールするような表現はぜひ覚えておきたいですね。

　自然を楽しむスポットに興味のある人は動植物にも興味があるのではないでしょうか。桜以外にも、「杉」＝a Japanese cedar、「ヒノキ」＝a Japanese cypress、「松」＝a pine tree、「銀杏」＝a ginkgo tree、「桐」＝a paulownia tree、「トチノキ」＝a horse chestnut など、

§3 地元を案内する

名物樹木や御神木、あるいはその土地の名産品の原料になっている木があります。動物も、動物園にいるような動物ではなく、その地域固有の動物・鳥・昆虫などの名前を調べておきましょう。

　アウトドアでの活動で気になるのはお天気です。お天気も地域や季節によって特徴がありますから、あなたの地域の気候や気象現象について話せるようにしておくことも忘れないでください。

第7章　おもてなし英語で「ようこそ」を伝えよう

第7週目の課題

これから1週間、以下のことを毎日、実践してみましょう。

1

「あこがれのスポーツ選手やタレントにもし突然出会ったら」と想像して、英語で話し掛けてみましょう。

2

バーチャル・パートナーに自分の町のことを紹介してみましょう。最初は和英辞典を引きながらでもかまいません。1つの名所やテーマに絞って、なるべく簡単な英語で紹介するようにしてください。

3

バーチャル・パートナーにうまく紹介できるようになったら、今度はリアルに相手を見つけて自分の町のことを紹介してみましょう。実際に見つけられない場合は、インターネットのSNSでもかまいませんし、オンライン英会話の「お試し」でやるなど、工夫してみてください。

あとがき

　ここまで読んでくださった方、ありがとうございます！　そしてお疲れ様でした。本書を最後まで読み通しただけでもすばらしいことですが、各章の最後に挙げた課題も全部こなしたという方がいたら、それは本当に稀有なことです。そういった方は、すでに十分英語を話せるようになっていることでしょう。自信を持ってください。

　「1冊をきちんと読み通す」とか、「少しでもいいから毎日英語を話す」といった地味な作業の地道な積み重ねこそ語学上達の近道だと、セルフトーク英会話を始めてからしみじみと感じています。

　この本を読み通したけれど、「まだ英語が話せない」と言う方がいたら、その原因はおそらくメンタル面で何かブロックしているものがあるのかもしれません。

　考えてみてください。ことばの能力というのは段階的なものです。5歳の子どもは5歳なりのことばで話します。13歳の中学生は13歳なりの、20歳の大学生は20歳なりのことばで話しているのです。英語が苦手なら苦手なりの、英語がちょっと得意ならちょっと得意なりの英語が話せるはずなのです。「話せるか話せないか」という二者択一にはなりようがありません。

　本書を手にとって曲がりなりにも最後まで読み通すことができたのであれば、「まったく話せない」ということなどあるわけがないのです。もしまだ話せていないとしたら、それはあなたの中にある失敗への恐怖心や見えや羞恥心なのではないでしょうか。もしかしたら、あなたにとって「英語を話す」ということは、まるで泳げない人がプールに飛び込むのと同じくらい怖いことになっているので

あとがき

は？ 泳げない人がプールに飛びこんだら溺れてしまうかもしれませんが、それなりに英語をやってきた人が「何もできない」などということはありえないはずです。

コミュニケーションに失敗はつきものです。日本語でだって、「あんなことを言って失敗した」「こんなこと言わなきゃよかった」と思うことはいくらでもあるでしょう。英語だけ完璧に話さなければならないなんてことはありません。

相手に通じなかったら、落ちついて自分の知っている単語で言い直せばいいのです。相手の言っていることがわからなければ、Would you say that again? (もう一度言ってください) と頼めばいいのです。それは失礼なことでも何でもありません。むしろわからないのにわかっているフリをすることのほうが失礼なくらいです。それすら言えなければ、思い切り困った顔をして、表情で「わかりません」と伝えましょう。

また、失敗はセルフトークにとっても大きなプラスです。失敗すれば、「あのときは、ああ言えばよかった」「あのときは、あんなことを言わないほうがよかった」などと、勝手にセルフトークしてしまうからです。そうやって、脳は勝手に「英語が話せる環境」をつくっていってくれるのです。失敗こそがセルフトークのエネルギー源であり、あなたを本当に英語が話せる人にしてくれます。「安心」して「失敗」してください。

Don't be afraid of making mistakes. Trust me. Trust yourself. You can make it! (失敗を怖がらないで。信じて。あなたならできる！)

最後になりましたが、本書の編集を辛抱強く担当してくださった研究社編集部の佐藤陽二氏に心からの感謝を捧げます。

これなら話せる！ セルフトークで英会話

● 2015年9月1日　初版発行 ●

● 著　者 ●
水嶋　いづみ
© Izumi Mizushima, 2015

● 発行者 ●
関戸　雅男

● 発行所 ●
株式会社 研究社
〒 102-8152
東京都千代田区富士見 2-11-3
電話　営業　03-3288-7777（代）
　　　編集　03-3288-7711（代）
振替　　　　00150-9-26710
http://www.kenkyusha.co.jp/

KENKYUSHA
〈検印省略〉

● 印刷所 ●
研究社印刷株式会社

● 装丁・本文レイアウト ●
寺澤　彰二

● 本文イラスト ●
吉野　浩司

ISBN 978-4-327-44107-4　C1082　Printed in Japan

価格はカバーに表示してあります。
本書の無断複製（コピー）は著作権法の例外を除き、禁じられています。
また、代行業者などによる電子的複製行為は一切認められておりません。